W0191361

ALLURE VON LIL

Auf dem Weg aus der Dunkelheit ins Licht

Ein Wegweiser in und für die
NEUE ZEIT

1. Auflage, 11. März 2022

© All-Stern-Verlag

Wolf 8

88430 Rot/Ellwangen

Tel. +49 (0) 7568 29 89 98 2

http://www.all-stern-verlag.com

info@all-stern-verlag.com

Satz/Umbruch: All-Stern-Verlag

Umschlaggestaltung: Irene Repp
Umschlag-Design: Naveene

© All-Stern-Verlag 2022, alle Rechte vorbehalten

ISBN 978-3-947048-26-7

**

Liebe ist die Lösung aller Probleme.

Die Liebe ist der Schlüssel zu allen Türen der menschlichen Seele.

Die Liebe ist die Kraft aller schöpferischen Kräfte in der Natur.

Die Liebe ist eine Wissenschaft, die man noch nicht

genügend erforscht hat.

Derjenige, der weiß und lieben kann, der ist mächtig.

(Omraam Mikhael Aivanhov)

**

Inhaltsverzeichnis

Vorwort

Mit diesem Gedicht, gefasst in kleinen Reimen, möchte ich Liebe säen, sie soll in dir keimen. Sie soll Früchte tragen, lebendig und gesund, dich inspirieren, bis auf den Grund. Sei mutig und ehrlich, vertrauensvoll und rein, das hilft dich zu führen, zu Deinem wahren Sein.

***

Es ist die Liebe die sich breit macht in dir,

wie ein leuchtendes Licht, es eröffnet das Hier.

Es ist ein Gefühl voller Glück und Wonne,

es berührt und wärmt wie die Strahlen der Sonne.

Eine neue Zeit ist jetzt angebrochen,

vorbei das Leid, mit Kummer und Hoffen.

Lang geplagt die Menschheit war,

versklavter Geist in Matrix-Gefahr.

***

***

Das Licht hat gesiegt, das Dunkle besiegt.

Die Schmerzen vorbei, nichts ist mehr einerlei.

Die Seele befreit, der Geist geheilt.

Alles wird jetzt gelingen,

wenn wir genug Liebe ins Leben bringen.

Dein Ego, es darf noch bei dir sein,

es ist ein Teil von dir, doch halt es klein!

Die Liebe ist das Einzige was heilt,

Vertrauen und Ehrlichkeit sind jetzt bereit.

Du kannst gehen, von dem Ort der dich hält,

es ist nicht mehr das, was jetzt zählt.

Dein Plan ist erfüllt, deine Aufgab getan,

beschreit nun deinen eigenen Weg, und das ohne Scham.

***

***

Die Steine sind weg, der Weg jetzt eben und glatt,

ein neues Leben für dich, macht deine Seele satt.

Es erfüllt sie mit Liebe, mit Lust und mit Freud

nimm es jetzt an, nicht erst irgendwann.

Viel ist geschehen, viel Hochs und viel Tiefs,

verletzten die Seele und hielten den Geist schief.

Die Zeit ist jetzt reif für Vergebung der Taten

und Heilung geschieht, kein weiteres Verzagen.

Sei jetzt bereit, die Liebe zu leben

keiner hat das Recht dagegen zu reden.

Das Schuldgefühl darf gehen, jetzt und sofort

es hält dich sonst fest am falschen Ort.

Öffne dein Herz für Glück und sei rein,

denn alles andere wäre nur ein Schein.

***

Sei offen für das Bewusstsein was wirklich IST,

und freu dich, dass die Liebe dich nicht vergisst.

Denk jetzt an dich und dein Seelenheil

vergiss und vergib und löse das Seil.

Bleib im Vertrauen und freudiger Lust.

Materielle Sicherheit hat ausgedient,

es führte zu Frust.

Jetzt geh den Weg, des lichten Sein

das macht dich stark und verleiht dir hellen Schein.

Ein Strahlen dir zusteht, du Seele des Lichts

freu dich, sei glücklich, weil die Liebe zu dir spricht.

So liebe die Seelen von Mensch und von Tier,

sei achtsam und gütig, in einem vereinten WIR.

So ehre und achte des Schöpfers Natur – behüte und beschütze sie mit ewigem Schwur.

***

(Bild 1: pixabay.com)

Dieser Wegweiser ist all jenen Seelen gewidmet, die sich dafür entschieden haben, jetzt und hier mit dabei zu sein, auf dem Weg in die Neue Zeit, um diese bewusst mitzugestalten in Liebe, Frieden, Freude und Harmonie mit allen und allem was ist.

In Liebe Eure Allure

Einleitung

***

Die Fähigkeit, die Illusion zu durchschauen hängt nicht davon ab wie intelligent oder gebildet man ist, sondern von der Ebene des Bewusstseins, auf der wir uns befinden.

Einige der gebildetsten Menschen könnten die am meisten indoktrinierten sein. Sie können so sehr in Glaubenssystemen und Denkmustern verhaftet sein, dass es ihnen schwerfällt, die Perspektive zu wechseln.

Ich denke – also bin ich

***

Der Bereich des Bewusstseins ist viel größer, als sich mental ermessen lässt. Wenn du nicht länger alles glaubst, was du denkst, löst du dich vom Denken und siehst klar, dass der Denker nicht der ist, der du bist.

(Eckart Tolle)

***

Sobald wir über etwas nachdenken, erfolgt das bewusst, also lässt sich Bewusstsein nicht anzweifeln. Das Bewusstsein von etwas, ist zu verstehen wie ein Arbeitsspeicher in welchem sich größtenteils unbewusste Prozesse abspielen und in unserem Gehirn verfügbar sind. Es ist der wichtigste Zusammenhang in unserem Leben.

*** ***

„Man kann dem Verstand nicht erklären, dass er etwas

„Richtiges" falsch denkt, und man kann dem Verstand,

dass er etwas "Falsches" richtig denkt, nicht erzählen!

„Nur jedes Selbst kann aufwachen."

*** ***

(Bild 2: canva.com)

Unsere Einzigartigkeit, unser Menschsein, die allumfassende Verbindung mit und in unseren Lebensbereichen und mit der ganzen Atmosphäre wären undenkbar ohne Bewusstsein. Es gibt kein größeres Erlebnis im Universum mit welchem wir inniger verbunden sind als mit unserem eigenen Bewusstsein.

Bewusstsein ist Träger des Denkens

Unser Bewusstsein bleibt immer als Tatsache bestehen. Wir denken, also sind wir! Somit können wir alles andere anzweifeln. Könnten unsere Sinneseindrücke Täuschung sein?

Unsere Weltanschauung ein Schwindel? Unsere eigene Überzeugung Irrtümern unterliegen? Es ist nichts wichtiger als das Bewusstsein selbst, da es eine wichtige Voraussetzung dafür ist, gewissen Objekten in unserem Leben Bedeutung beizumessen. Obwohl das Bewusstsein unendlich und eins ist, entfaltet sich seine innewohnende Stärke in vielfachen Bewusstseinsformen. Eine Vielfältigkeit ist das Bewusstseinswerden des „Ich bin", des „Sein", das andere ist das begreifende und erfassende Bewusstsein, das Erkennen, dass „alles ist".

✳✳✳

„Jeder steckt in seinem Bewusstsein wie in seiner Haut und lebt unmittelbar nur in demselben."

(Arthur Schopenhauer)

✳✳✳

Ein waches Bewusstsein, ein subjektives Erleben bedarf nicht unbedingt eines Bewusstwerdens von Sinneseindrücken, unseren Tuns oder Gefühlen. Es sind sehr viele Prozesse, welche in unserem Kopf unbewusst stattfinden und das Vermögen haben, effektiver und schneller abzulaufen.

***

„Die Vernunft drückt das Gesetz der Notwendigkeit aus,

das Bewusstsein das Wesen der Freiheit"

(Leo Tolstoi)

***

Ein nach außen gerichtetes Bewusstsein bezieht sich auf die Wahrnehmung von Dingen und auf unseren Körper und auf unsere eigenen mentalen Zustände. Wir können unterscheiden, zwischen dem bewussten Erleben und Erfahren, indem wir sehen oder berühren in dem bewussten Denken und der Kontrolle zu unserem Verhalten. Bewusstsein ist nicht zu verwechseln mit Selbstbewusstsein, was die Ausstrahlung eines Menschen definiert, der von sich und seinen Fähigkeiten überzeugt ist.

In unserem Bewusstsein liegen der Geist und unsere Seele

Bewusstsein aus dem lateinischen kommend heißt so viel wie Gewissen und hat in unserem Sprachgebrauch eine vielseitige Bedeutung, die sich teilweise mit der Bedeutung von Geist und

Seele überschneidet. Ohne klares Bewusstsein können wir zwar als Individuum existieren, aber dann sind wir uns Unserer nicht bewusst.

Geist und Seele spielen eine wichtige Rolle für das Verständnis von Bewusstsein. Es ist die göttliche Geistigkeit, welche uns zur menschlichen Wahrnehmung befähigt und unser Bewusstsein „lebendig" macht. Bewusstsein ist das Wesen des höchsten Selbst. Es ist allumfassend, bildet die Grundlage für das menschliche Selbst und ist nicht auf subjektives Dasein beschränkt.

(Bild 3: pixabay.com)

Wir dürfen akzeptieren, das Bewusstsein allumfassend, überall gegenwärtig, unendlich und nicht durch Begrenzungen eingeschränkt ist. Seine Unendlichkeit wird ergänzt, durch eine vorgegebene Kraft, die es vermag, gewaltige Massen von Energien auszustoßen, die uns alles ermöglichen lässt. Jede tiefe Verankerung in ihm, die ins Universum als Schöpfung hinausgesendet wird, ist mit dem Vermögen ausgestattet, die Richtung zu bestimmen, zu fördern und aufrecht zu erhalten.

Es ist eine Quelle und eine Basis für eine zu erschaffende Existenz, welche sich oberhalb des wahrnehmenden Bewusstseins befindet. Eben weil die tatsächliche Wahrnehmung nur rein objektiv ist, kann sie uns auch nicht mitteilen, dass es nichts oberhalb des zu erfahrenden Bewusstseins gibt.

Höheres Bewusstsein

Es ist wahrnehmender Aspekt des Bewusstseins in der unwandelbaren Unendlichkeit. Um die Steigerung eines höheren Bewusstseins zu erlangen, dürfen wir die Göttlichkeit in uns finden, vollkommen frei sein von jeglicher persönlichen Begierde, Selbstbezogenheit, Arroganz, Eitelkeit, Stolz und Hochmut. Wir dürfen uns endlich freimachen von Erwartungshaltungen, für unsere gebrachten Leistungen keine Anerkennung und Belohnung erwarten, sondern im göttlichen Handeln, in Nächstenliebe, im Auftrag des Höherem Selbst.

Dann wird sich Vollkommenheit einstellen und wir werden erkennen, dass wir alle Wesen sind mit einer Kraft, einer Stärke, die aus unserem Selbst entsteht und uns Sicherheit gibt.

✳✳✳

Es ist die Macht des Höheren Bewusstsein, welche über

dem Bewusstsein steht und über dem was sie zu

erschaffen vermag!

✳✳✳

Kapitel 1

Das Herz und die Seele

***

(Bild 4: canva.com)

***

„Das Herz ist der Schlüssel der Welt und des Lebens"

(Novalis)

***

In unserem Herzen gibt es ein sogenanntes spirituelles Herz, in welchem unsere Seele lebt. Wenn unser Zentrum zum Herzen geöffnet ist, haben wir Zugang zu unserer Seele und wir werden unendliche Liebe und Reinheit erfahren. Wir werden in allem Freude sehen können, weil diese reine Liebe in uns und um uns herum ist. Es ist die Reinigung, die zur Heilung gehört. Vertrauen wir doch der Weisheit dieser Quelle und begeben wir uns mit dem Bewusstsein in diesen Prozess, dass gerade Großartiges geschieht.

✳✳✳

„Freude ist keine Gabe des Geistes, sie ist eine Gabe des Herzens ".

(Ludwig Börne)

✳✳✳

Wer sehnt sich nicht nach diesem Gefühl der unendlichen Freude?

Auch wenn wir es jetzt noch nicht alle erleben können, da wir erst mal mit Liebe in und zu uns beginnen müssen, wird die Zeit kommen, wo dieser Zugang zu unserem Herzen, zu unserer Seele geöffnet sein wird. Es wird sich dann ein Gefühl von innerlichem Frieden einstellen, ein Eins-Sein mit uns selbst und ein Eins-Sein mit allem um uns herum.

Wir alle befinden uns auf einer Reise welche uns nicht nur positive Momente beschert, sondern auch von Unsicherheit, Zweifel, Angst und schwierigen Entscheidungen geprägt ist. Es sollte uns bewusst sein, dass es noch eine tiefere Ebene des Wissens in uns gibt. Wenn wir es ablegen können unserem Verstand zu folgen und beginnen auf diese leise innere Stimme unseres Herzens, unserer Seele zu hören, dann wird ein müheloses Fließen mit unserem Herzen und unserer Bestimmung möglich sein.

***

„Die größte Entdeckung meiner Generation ist, dass die Menschen ihr Leben ändern können, indem sie ihre Geisteshaltung verändern"

(Prof. William Jamees)
***

Intuition liegt auf der Gefühlsebene

Wir wollen vieles nicht wahrhaben, obwohl wir doch vieles erahnen, aber wir hören nicht auf unsere innere Stimme, die Stimme des Herzens, unsere Seele. Wir dürfen und sollten anfangen ihr zu vertrauen, in jeder einzelnen Situation. Unsere Seele weiß genau, welche Entscheidungen zu treffen sind und doch lassen wir den Verstand regieren und entscheiden.

***

„Der schwierigste Kampf im Leben ist zwischen dem was du weißt und dem was du fühlst"

(Allure)
***

Wir sollten darauf vertrauen, dass wir alle über das tiefe Wissen verfügen, gehalten und geführt zu werden, wenn wir es zulassen. Wenn wir unserer Intuition vertrauen, bedeutet das, einer uns unbekannten Ebene Vertrauen zu schenken, welche tiefer liegt als unser Verstand. Folgen wir unserer Intuition, dann werden wir verschiedenes tun, was sogar vielleicht unser bisheriges Wissen in Frage stellen wird, und unser Verstand wird es nie begreifen können. Vertrauen wir mehr und mehr unserer Intuition, wird diese größer und stärker, allerdings wird sie auch jedes Mal wieder unterdrückt werden, wenn wir unserem Verstand Folge leisten. Es bedarf eines langen Lernprozesses, um unterscheiden zu können.

$$* * *$$

„Nicht im Kopf, sondern im Herzen liegt der Anfang"

(Maxim Gorki)

*„Höre immer auf dein Herz,
denn dein Verstand kann dich nicht glücklich machen"*

(Allure)

$$* * *$$

Das eigene Herz kennt den richtigen Weg

Die Entscheidung dem Herzen zu folgen und den Weg der Seele zu gehen ist eine völlig andere Art zu leben als wir es bisher kannten, es ist der Wechsel vom Kopf ins Herz. Dem Herzen zu folgen, bedeutet seinen eigenen Weg zu gehen, sich nicht mehr abhängig von den Erwartungen oder Vorgaben unseres Umfeldes zu machen.

Wenn wir das befolgen, dann wird es uns auch möglich sein, diese göttliche Erfahrung zur Quelle des Wissens in uns, machen zu können, eine direkte Verbindung zu unserem höheren Selbst.

(Bild 5: pixabay.com)

Wenn wir uns für unser Herz entscheiden, entscheiden wir uns auch für eine andere Realität. Eine Realität mit einer tieferen Bedeutung, eine Reise mit Ziel zum Unendlichen, eine Reise mit dem Vertrauen gehalten und geführt zu werden, und alles, was nicht im Einklang mit unserem Herzen ist, wird unabdingbar unser Leben verlassen.

Kapitel 2

Zukunftsängste? – Wenn die Angst vor der Zukunft uns lähmt

***

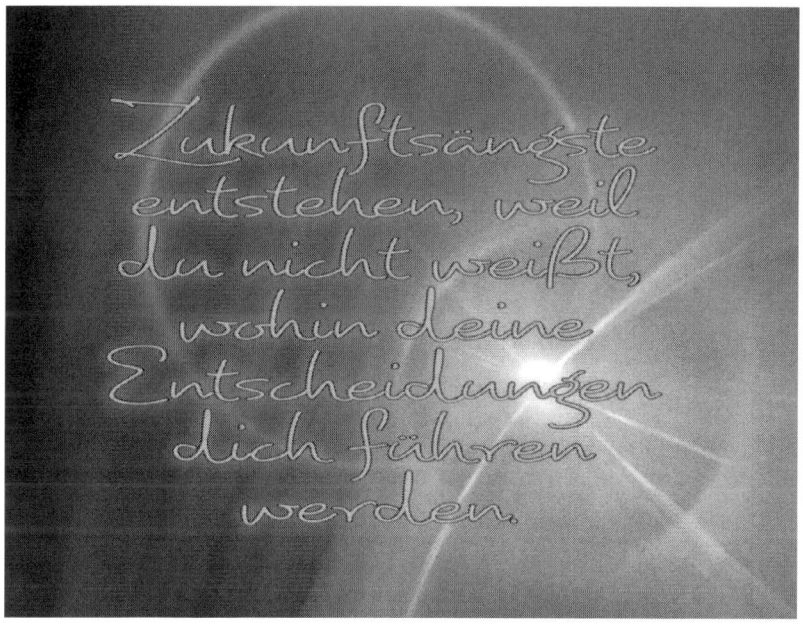

(Bild 6: Naveene)

Jeder kennt wohl dieses Gefühl im Leben, bei einigen ist es nur flüchtig und bei anderen wiederum beherrscht es das ganze Leben.

Die Rede ist von „ANGST" … dass etwas kommen könnte… dass uns etwas erwartet…

***

Was ist Angst?

„Die genaue Definition lautet: Angst ist der Zustand, dass

man sich sehr vor jemand oder etwas fürchtet."

***

Während Furcht klar auf eine äußere Gefahr hin ausgerichtet ist, gilt Angst als unbestimmt. Wenn wir darüber nachdenken, vor was wir Angst haben, kommen wir oft zu der Erkenntnis, dass wir uns nicht vor jemandem fürchten, sondern vor etwas. Dieses ETWAS ist die Zukunft – es sind die Veränderungen, die eintreten könnten, dass etwas nicht mehr so ist, wie vorher, dass etwas anders ist als erwartet.

***

„Es gibt nur zwei Tage im Leben, an denen du nichts ändern

kannst. Der eine ist gestern und der andere ist morgen"

(Dalai Lama)

***

Wir wissen, was in der Vergangenheit geschehen ist und wir wissen was im JETZT gerade stattfindet. Jedoch wissen wir nicht, was in einer Stunde, morgen, in einer Woche oder in den nächsten Jahren passieren wird.

Die Zukunft bleibt uns verborgen, bis es so weit ist und wir den lang ersehnten oder lang gefürchteten oder den unvorhergesehenen Zeitpunkt erleben.

„Das ist unmöglich" sagt die Angst

„Zu viel Risiko" sagt die Erfahrung

„Macht keinen Sinn" sagt der Zweifel

„VERSUCH'S" flüstert das Herz

(Bild 7: Liebeisstleben.net)

Angst ist das Gefühl der „Unheimlichkeit" und des „Ausgesetztseins" in dieser Welt. Einige von uns fürchten die Zukunft, weil wir nicht wissen, was uns erwartet. Wir grübeln, träumen und leben unser gesamtes Leben nur in der Zukunft.

Wir stellen uns Fragen wie:

- Was ist, wenn ich gekündigt werde?
- Was ist, wenn ich den Kredit fürs Haus nicht mehr bezahlen kann?
- Was ist, wenn mir etwas passiert?
- Was ist, wenn mein Partner mir fremd geht?
- Was ist, wenn meine Familie sich von mir abwendet?

Es sind diese oder ähnliche Fragen, welche unser Leben bestimmen und sie nähren unsere Angst. Doch Angst ist negativ, Angst hemmt uns! Wir blockieren uns selbst und wir blockieren unsere Liebe. Unser gesamter Fluss wird gestört. Es ist die Angst, von welcher wir uns beherrschen lassen und uns dadurch ungeahnte, vielleicht wunderbare einzigartige Möglichkeiten verborgen bleiben, welche das Leben für uns bereithält.

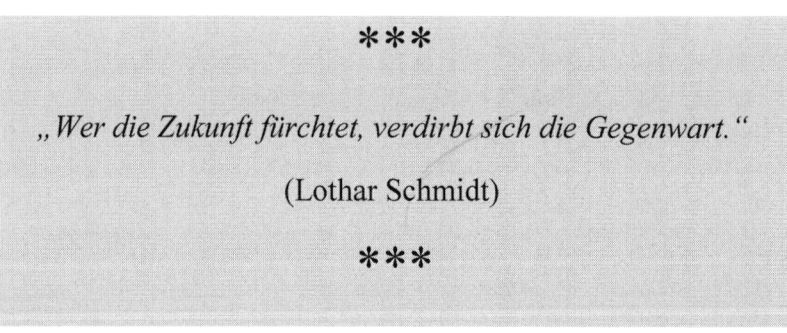

✳✳✳

„Wer die Zukunft fürchtet, verdirbt sich die Gegenwart."

(Lothar Schmidt)

✳✳✳

Angst kann Menschen belasten und sogar psychisch ruinieren. Wenn wir uns von der Angst beherrschen lassen, dann können wir das Hier und Jetzt nicht genießen und verpassen wunderbare Augenblicke und super Chancen und wir ziehen mit unseren, voller Angst geprägter Gedanken noch das Ungewünschte in unser Leben – nämlich genau das, wovor wir Angst haben.

***

„Die Zukunft wird bringen, was sie bringen wird, und wenn du dich darüber aufregst, ist es nur umso wahrscheinlicher, dass deine Ängste wahr werden.“

(Christopher Paolini)

***

Was können wir nun gegen diese Zukunftsangst tun?

Wie Jesus Christus, Buddha und viele weitere weise Gelehrte bereits vor Tausenden von Jahren geraten haben:

„Lebe im Jetzt!“

Das ist leichter gesagt als getan, denn Gedanken kann man nicht einfach so abschalten, allerdings kann man an ihnen und mit ihnen arbeiten. Doch zuallererst müssen wir uns im Klaren sein, dass das, was wir in diesem Moment tun und denken, unseren weiteren Lebensweg beeinflusst.

Denke positiv und handle positiv!

Wir sollten achtsam sein! Setzen wir uns doch in einem ruhigen Moment hin und verweilen im Hier und Jetzt. Versuchen wir uns zu konzentrieren, um alles genau wahrzunehmen -unsere Atmung, unseren Puls, den Schlag unseres Herzens, unsere Umgebung und die Stille. Sobald unsere Gedanken anfangen abzuschweifen, sollten wir sie sofort ins Jetzt zurückholen.

Anfangs wäre es ratsam, dass für ein paar Minuten zu machen und dann langsam aufbauen und längere Zeiträume schaffen.

(Bild 8: Naveene)

Wenn wir das beherrschen, sollten wir einen Schritt weitergehen und versuchen, nicht nur in der Stille bei uns zu sein, sondern auch bei unseren alltäglichen Aufgaben.

Je öfter und intensiver wir üben, umso mehr wird sich unser Bewusstsein entfalten und desto leichter wird es uns fallen, achtsam zu sein und den Moment wahrzunehmen und zu leben.

(Bild 9: Liebeisstleben.net)

Zu guter Letzt sollten wir nochmal über unsere Ängste nachdenken.

Wovor haben wir persönlich Angst? Ist diese Angst berechtigt oder sind es nur Hirngespinste und schlicht und einfach nur selbstkreiertes Kopfkino? Dabei sollten wir uns bewusstmachen, dass die Situationen, die wir uns ausdenken und vor denen wir Angst haben, nicht existent sind.

In diesem Moment ist alles gut – und das wird es auch im nächsten sein. Es sei denn, wir lassen uns von unseren Angstgefühlen hinreißen und beherrschen, denn dann arbeiten wir gegen das Gute und Wahre in diesem Augenblick. Angst mag Macht über uns haben, aber eine größere Macht als die Angst ist der wahre GLAUBE, LIEBE, HOFFNUNG und Zuversicht, und unsere jetzigen Gedanken und Taten sind der Grundstein für unsere Zukunft.

Kapitel 3

Glaube – Liebe –Hoffnung – Zuversicht

***

(Bild 10: Naveene)

Erfolg ist unsere Bestimmung, doch Erfolg bedeutet mehr als finanzieller Reichtum. Ein wirklich erfolgreicher Mensch ist ein Mensch, der liebt, der glücklich ist, seine Berufung lebt, sich an Gesundheit erfreut und harmonische Beziehungen pflegt. Wie es möglich ist, sein Leben wieder selbst in die Hand zu nehmen und Schöpfer seines Lebens zu werden? Durch Glaube, Liebe, Hoffnung und Zuversicht.

***

„Die Hoffnung ist es, die die Liebe nährt"

(Ovid, Metamorphosen)

***

Hoffnung ist eine der drei göttlichen Tugenden – Glaube, Liebe, Hoffnung – welche untrennbar miteinander verbunden sind. Hoffnung ist eine positive Erwartungshaltung mit einer emotionalen Ausrichtung an die Zukunft. Wir sollen uns niemals der Hoffnung berauben lassen, denn der Glaube lässt uns in allen Lebenslagen nie ohne Hoffnung sein – nicht bei wichtigen Entscheidungen, nicht bei Enttäuschungen, nicht in Einsamkeit, nicht in Krankheit oder Tod. In Hoffnung wachsen wir.

Es ist die Hoffnung, welche uns Zuversicht gibt, aus widrigen Lebensumständen herauszufinden, wie aussichtslos es auch immer erscheinen mag. Glaube, Liebe, Hoffnung und Zuversicht ermöglichen es uns, das eigene Leben sinnvoll zu gestalten. Es ist das Verstehen mit dem Herzen, welches uns Zweifel und Zeiten der Leere in uns durchstehen lässt. Es ist das Wollen mit dem Herzen auf die Wiederkehr und die Gewissheit, dass keine Widerwärtigkeit endlos ist. Es ist das Fühlen mit dem Herzen, die Liebe, die Selbstliebe, die Nächstenliebe und die Hingabe.

***

„Doch noch leuchtet uns die Hoffnung für unsere geliebte Liebe, lass uns sie pflegen und erhalten, solange wir nur können. Eine Stunde voll Seligkeit des Wiedersehens und Hoffnung in der Brust, sind genug, ihr Leben auf Monate zu erhalten"

(Susette Gontard, Briefe, an Friedrich Hölderlin)

***

Hoffnung und Zuversicht ist eine innere Einstellung in uns! Hoffnung und Zuversicht ist eine positive Erwartungshaltung und ruft in uns Veränderungen hervor. Wir haben die Zuversicht, dass sich etwas zum Guten wenden wird, dass wir bestimmte Situationen meistern können und wir selbst oder mit Hilfe anderer, Lösungen für gewisse Probleme finden werden. Was wäre das Leben ohne Hoffnung?

***

„Die Hoffnung aufzugeben bedeutet, nach der Gegenwart auch die Zukunft preis zugeben"

(Pearl S. Buck)

***

Durch hoffnungsvolle und zuversichtliche Gedanken und Liebe wird in uns eine besondere Energie freigesetzt und ausgesendet. Wir verspüren eine innerliche Ruhe in uns und verfügen über

34

eine positive Stimmung. Hoffnung ist immer auf die Zukunft ausgerichtet, weckt in uns die Zuversicht und lässt die Kraft in uns spüren, Mittel und Wege zu finden, unsere Ziele zu erreichen.

Hoffnung ist ein Lebenselixier und ohne Hoffnung gibt es keine Zukunft. Wer den Glauben an die Zukunft, somit die Hoffnung und die Zuversicht verloren hat, verliert den geistigen Halt und nimmt seinen seelischen und körperlichen Verfall in Kauf.

Hoffnung führt zu Glauben, denn die Hoffnung spielt im seelischen und körperlichen Befinden eine tragende Rolle. Zu hoffen führt zu neuem Glauben und zur Entschlossenheit. Wenn wir mit Bewusstheit hoffen und daran glauben, dass es uns immer möglich ist, an einer bestimmten festgefahrenen oder krankmachenden Situation etwas verbessern zu können oder bestimmte Lösungen für bestimmte Probleme zu finden, dann können wir unsere Zukunft mit Zuversicht und Liebe positiv gestalten.

✳✳✳

„Es ist die Hoffnung, die dich trägt, es ist die Zuversicht, die dich führt, es ist der Glaube an dich, der dich leitet und dir alles gelingen lässt.

Deine Zukunft liegt vor dir wie ein leeres Blatt. Du hast es in deinen Händen, die Linien deines Lebens zu zeichnen.

Warte nicht damit"

(Udo Hahn)

✳✳✳

Kapitel 4

Selbstliebe – der innere Ursprung – der Anfang aller Liebe

***

(Bild 11: Naveene)

Lass Dir niemals einreden, Du wärst nichts wert. Glaub an Dich, denn Du bist aus einem bestimmten Grund genauso wie Du bist und es gibt Menschen, die Dich auch genauso wollen, wie Du bist!

Armin Risi schreibt in seinem Buch - Der radikale Mittelweg: *„Unser Bewusstsein kann die Zustände auf dem Planeten auf sehr viel umfangreichere Weise verändern, als wir denken. Der Grund dafür ist, dass wir alle miteinander verbunden sind – ich*

kann das nicht oft genug wiederholen. [...] die Antwort ist ein-
facher, als es scheint, und sie ist eines der bestgehüteten Ge-
heimnisse unserer Zeit: Die Wichtigkeit der Selbst-Liebe!"

Wenn du dich selbst nicht liebst, wirst du auch nie jemand anderen lieben können! Erst wenn man es schafft sich selbst zu lieben, wir es uns selbst Wert sind, von uns selbst aufrichtig geliebt
zu werden, erst dann werden wir zur Liebe fähig sein und die
Liebe kommt zu uns! Dann erst sind wir in der Lage, Liebe auszusenden und Liebe zu empfangen!

Selbstliebe ist die Wurzel der Nächstenliebe. Lösen wir uns von
dem Glauben das Selbstliebe etwas Schlechtes ist. Die Liebe zu
uns selbst ist das Beste und Aufrichtigste und das Wichtigste!
Ohne Selbstliebe gibt es keine Liebe und auch keine Nächstenliebe! Selbstliebe hat nichts mit Egoismus zu tun. Es ist genau
das Gegenteil! Und nur wenn wir uns selbst lieben können, dann
können wir auch wahrhaft andere Menschen lieben. Somit ist es
unsere erste und einzige Aufgabe, unsere Liebe zu uns selbst zu
entdecken, sie umzusetzen und sie zu leben! Wenn wir das erreicht haben, können wir ganz automatisch Liebe geben und
Liebe empfangen. Erst wenn wir uns selbst lieben, sind wir voller Energie und können diese dann mit anderen teilen.

✳✳✳

„Deine erste Pflicht ist, dich selbst glücklich zu machen.

Bist Du glücklich, so machst Du auch andere glücklich..."

(Ludwig Andreas Feuerbach)

✳✳✳

Wir lernen dadurch uns zu respektieren, unsere eigenen Wünsche, unsere eigenen Bedürfnisse. Wir lernen auf unser Herz zu hören! Dadurch erhalten wir Selbstvertrauen und innere Stärke durch Liebe.

Unser Leben und das unserer Mitmenschen wird positiv beeinflusst und wir erlangen eine emotionale Ausgeglichenheit – innere Ruhe macht sich in uns breit. Andere Menschen fühlen sich wohl in unserer Nähe, wir wirken wie ein Magnet. Wenn wir begonnen haben, es nicht mehr jedem recht zu machen, wenn wir aufgehört haben, nach Anerkennung und Zuwendung durch Andere zu suchen, können wir beginnen, uns selbst zu lieben.

(Bild 12: Liebeisstleben.net)

Selbstliebe ist wichtig für ein glückliches und erfülltes Leben! Liebe Dich! Liebe jede Einzelheit an dir! Und hör auf an dir zu zweifeln! Hör auf, an deinem Aussehen, deinen Fähigkeiten, deinem Tun, deiner Art zu zweifeln!

Hör auf – dich mit anderen zu vergleichen! Hör auf – dich an dem zu messen, was du hast oder was du nicht hast! Hör auf – dich zu bewerten! Hör auf – dich selbst zu bemitleiden! Du wurdest so geschaffen und das hat seinen Grund! Sei dankbar! Beginne loszulassen! Und beginne jetzt dich zu lieben!

Wenn du dich wahrhaftig liebst, dann hat deine Suche endlich ein Ende und du wirst Liebe geben können und Liebe ernten. Wenn du Liebe erntest, dann kommt das Glück zu Dir, in jeglicher Form. Respektier Dich selbst und übernimm Verantwortung für Dich und für Dein Leben! Mach dich zur Nr.1! Erst muss es Dir gut gehen, damit Du anderen Gutes tust.

Niemand mag einen Anderen, der sich nicht selbst liebt. Und jemand, der sich nicht selbst liebt, kann auch niemand anderen lieben, ein ewiger Kreislauf! Heilung kann erst erfolgen, wenn wir absolut zu uns selbst stehen. Selbstliebe ist daher unsere erste und einzige Aufgabe! Alles andere kommt dann von selbst!

Kapitel 5

Nächstenliebe eine wichtige Form der Liebe

***

(Bild 13: pixabay.de)

***

Liebe ist das Einzige was zunimmt, je mehr man davon verschenkt.

(Kurt Tepperwein)

***

Liebe hat nicht nur ein Gesicht! Wenn wir in uns die Vorstellung einer Familie wecken, kommt ein kleiner Teil dessen zum Vorschein was die Bedeutung der Liebe erahnen lässt. Erinnern wir uns als Eltern an das Gefühl, welches wir hatten, als ein winziger Samen im Bauch der Frau heranwuchs. War es Verbundenheit? War es Liebe? War dies der Weg zur Familie – der Weg zur Einheit? Erinnere dich!

Die Welt als Ganzes ist ebenso eine Familie – eine Familie, die es bedarf geliebt zu werden. Jeder noch so kleinste Keimling, jedes noch so winzigste Atom gehört zu dieser Familie dazu. Wir sind des Baumes Bruder und der Nachtigallen Schwester. Wir sind der Erde(-n) Kinder! Ehren wir unsere Mutter, wie auch unseren Vater; so lasset uns auch die Erde ehren! Lieben wir unsere Schwester und unseren Bruder – so lasset uns auch Bäume und Nachtigallen lieben! Gleich unserer Familie – Gleich EINER Familie! Somit werden wir gleich mit dem Lamm, das mit dem Wolf aus einer Quelle trinkt – der Quelle des Flusses namens 'Liebe'. Und der Fluss wird unser Schwert sein und das Schwert wird sein die Gleichheit und die Gleichheit wird Frieden sein und mit Frieden sind wir reich.

Nächstenliebe – eine der wichtigsten Formen der Liebe

Der Begriff stammt aus einem Gebot der Tora des Judentums (Lev 19,18).

Durch die Tora-Auslegung Jesu von Nazareth wurde Nächstenliebe auch ein Zentralbegriff des Christentums, der in der Ethik der Antike neben den Grundwert Gerechtigkeit trat. Heute wird Nächstenliebe ungeachtet des biblischen Hintergrunds weitgehend mit selbstlosem Eintreten für Andere (Altruismus) ohne

Rücksicht auf deren soziale Stellung oder Verdienste gleichgesetzt. Liebe Deinen Nächsten wie Dich selbst! Voraussetzung dafür ist allerdings, dass man begonnen hat sich selbst zu lieben. Erst wenn man zur Eigenliebe gefunden hat, ist es möglich, seinen Nächsten zu lieben.

(Bild 14: Naveene)

Nächstenliebe „Liebe" beinhaltet jede Form dem Wohl des Mitmenschen zugewandte aktive, uneigennützige Gefühls- und

Willenshandlung und jegliches Tun. Aber was ist Nächstenliebe? Worauf kommt es bei Nächstenliebe an?

- Jeder von uns ist in die Gesamtheit der Schöpfung mit-
  eingeschlossen, er ist ein Teil davon.
- Jeder von uns hat seine eigene Würde und seine eigenen
  Rechte.
- Jeder von uns hat aber auch die Verantwortung für die
  Gemeinschaft, somit auch Verantwortung für nachfol-
  gende Generationen. Verantwortung nicht nur für hilfs-
  bedürftige Menschen, sondern auch Achtung für das Leben um uns herum, was auch Tiere und Pflanzen mitein-
  schließt.

Das Gebot der Nächstenliebe in jüdischer Auslegung:
(Quelle: aus wikipedia)

- Du sollst keine Nachlese von deiner Ernte halten…
- Du sollst sie dem Armen und dem Fremden überlassen.
  Ich bin der Herr, euer Gott.
- Ihr sollt nicht stehlen, nicht täuschen und einander nicht
  belügen und betrügen.
- Du sollst deinen Nächsten nicht ausbeuten und ihn nicht
  um das Seine bringen.
- Der Lohn des Tagelöhners soll nicht über Nacht bis zum
  Morgen bei dir bleiben.
- Du sollst einen Tauben nicht verfluchen und einem Blin-
  den kein Hindernis in den Weg stellen; vielmehr sollst
  du deinen Gott fürchten. Ich bin der Herr.
- Ihr sollt in der Rechtsprechung kein Unrecht tun. Du
  sollst weder für einen Geringen noch für einen Großen

Partei nehmen; gerecht sollst du deinen Stammesgenossen richten.

- Du sollst deinen Stammesgenossen nicht verleumden und dich nicht hinstellen und das Leben deines Nächsten fordern. Ich bin der Herr.
- Du sollst in deinem Herzen keinen Hass gegen deinen Bruder tragen. Weise deinen Stammesgenossen zurecht, so wirst du seinetwegen keine Schuld auf dich laden.
- An den Kindern deines Volkes sollst du dich nicht rächen und ihnen nichts nachtragen.

Als positives Gegenteil zu all diesen von Gott abgelehnten Verhaltensweisen wird zum Schluss der Reihe Nächstenliebe geboten. Diese soll also eine umfassende Verhaltensänderung in der ganzen Volksgemeinde bewirken.

„Unrechtes Handeln soll in dem von Gott erwählten Volk dauerhaft überwunden, ausgeschlossen und durch dem Nächsten zugewandtes Handeln abgelöst werden. Dieses wird gegen Hass, Rache und Nachtragen in einem Streit unter Brüdern gestellt und schließt darum Versöhnung mit Feinden ein." (Quelle: Crüsemann: Die Tora 1992, S.377)

Alles Handeln soll der Liebe entspringen

Die persönliche Nächstenliebe ist eine Freundschaft, eine Liebe des reinen Wohlwollens. Nur die Liebe und der Dienst am nächsten öffnet uns die Augen. Eine geschenkte Erfahrung der Liebe von innen heraus, eine Erfahrung, die ihrem Wesen nach sich weiter mitteilen muss.

Liebe wächst durch Liebe. Sie ist, göttlich', und vereint uns zu einem Wir.

(Bild 15: Naveene)

✱✱✱

„Wenn die Seelen so sind, wie sie sein sollten, so sind sie alle ein Teil Gottes. Und da die Seele eines Menschen und die Seele seines Nächsten beide auf dem gleichen Thron der Pracht geschnitzt wurden, darum ist das Gebot „du sollst deinen Nächsten lieben wie dich selbst" wörtlich zu verstehen, denn der Nächste ist wie du. Und zweitens, wenn deine Liebe zu deinem Nächsten der Liebe zu dir selbst gleich ist, so erachte ich das als Liebe zu Mir, denn ich bin JHWH."

(Samuel Laniado)

✱✱✱

Wenn die Menschen nichts für den Nächsten empfinden, was soll sie davon abhalten, sich gegenseitig totzuschlagen? Nächstenliebe heißt, den anderen anzunehmen, wie er ist. Es gilt alle zu lieben, trotz ihrer Fehler – gerade dann. Denn dann erst zeigt sich unsere Liebe zum Anderen, die Liebe zu ihrer Seele und die Barmherzigkeit. Die Liebe zum Anderen verändert die Welt!

Vergebung – Wer wahrhaft liebt, der kann auch wahrhaft vergeben.

Wahrhaft vergeben! Der Unterschied liegt zwischen Vergeben und wahrhaft Vergeben. Ohne wahrhafte Vergebung ist auch keine wahre Nächstenliebe möglich. Wir dürfen uns frei machen von Egoismus, frei machen von Stolz, frei machen von Arroganz, welche in irgendeiner bewussten oder unbewussten Form in jedem von uns schlummert.

Urteile – Wir dürfen uns frei machen von Urteilen!

Von Vorurteilen und Beurteilungen anderen gegenüber, denn es steht uns nicht zu, Urteile zu fällen. Vorurteile führen zu Abneigung. Wahre Nächstenliebe führt dazu, dass die Anliegen der anderen zu unseren Anliegen werden und, dass deren Sorgen auch zu unseren Sorgen werden. Nächstenliebe bedeutet, seine eigenen Bedürfnisse gegenüber einem anderen zurückzustellen, Anerkennung und Respekt anderen gegenüber zu zeigen und so zu handeln, sowie Neid und Habsucht auszuschalten und sich freizumachen von Vorurteilen.

Nächstenliebe bedeutet Rücksicht und bewusstes, verantwortungsvolles Handeln allen Lebewesen gegenüber. Nächstenliebe soll aber nicht heißen, sich selbst nichts wert zu sein. Wichtige Voraussetzung ist, wie schon erwähnt, die Eigenliebe – Selbstliebe. Denn wer sich selbst liebt, der ist in der Lage auch andere zu lieben und bekommt diese Liebe auch wieder zurück. Liebe ist teilen, denn etwas zu teilen, lässt Glückseligkeit entstehen. Man fühlt innere Zufriedenheit, woraus ein höheres Selbstwertgefühl entsteht.

Nächstenliebe ist Liebe…

Und Liebe heißt auch ehrlich sein, ohne jemanden dabei weh zu tun! Der empfindlichste Mangel in der Welt ist der Mangel an Liebe. Der Hunger nach Liebe ist die Wurzel aller Verbrechen, auch der Grund aller Schmerzen und Leiden. Mangel an Liebe und Anerkennung ist auch der tiefere Grund aller Kriege. Hunger, Armut und Misstrauen sind die Folgen von Liebesersatz und schreien nach wahrer Liebe. Liebe vermag Jedes Übel in der Welt zu ändern, den Krieg zu verhindern und Frieden zu bringen. Liebe ist der geheime Weg, eine Gesellschaft ohne Verbrechen herbeizuführen. Liebe kann eine ausgeglichene Verteilung der Güter dieser Erde bewirken und allen zu einem menschenwürdigen Dasein verhelfen.

Da wo die Wohlhabenden die Habenichtse lieben, gibt es keine Armut. Heute mache ich die Liebe zu meiner Pflicht. Ich will mithelfen, die Erde zu verändern.

Quelle hierzu: „*Ein Auszug aus der Essener Schriftrolle… Flavius Josephus, römisch-jüd. Historiker des 1. Jahrhunderts, bezeichnete mehrmals die Essener oder auch Essäer, als dritte große jüdische „Partei" neben Pharisäern und Sadduzäern.*"

Kapitel 6

Vergeben und Verzeihen

***

(Bild 16: canva.com)

Vergeben und Verzeihen können, die Hand zur Versöhnung reichen – entscheidende Fähigkeiten, wenn die Liebe dauern soll. Doch vielen Menschen fällt gerade das besonders schwer. Dabei sind Vergeben und Verzeihen elementare Voraussetzungen für das geistige und körperliche Wohlbefinden. Vergeben zu können befreit nicht nur den Geist, sondern auch den Körper.

Loslassen und voller Vertrauen im Fluss des Lebens zu treiben hilft dabei, das anzunehmen, was ist… und hilft Ängste, Schuldgefühle und Zweifel zu überwinden. An ihre Stelle treten Gelassenheit, Dankbarkeit und Zuversicht.

„Vergeben sollte als eine Chance und als ein Geschenk gesehen werden. Ein Geschenk an den Täter und eine Chance an sich selbst, um neu anfangen zu können"

Die Fähigkeit, anderen vergeben und verzeihen zu können, ermöglicht es uns, Wunden heilen zu lassen.

✳✳✳

„Der Schwache kann nie vergeben. Jemandem vergeben können ist die Eigenschaft starker Menschen"

(Mahatma Gandhi)

✳✳✳

Verzeihen können ist wichtig für unser Seelenheil und unsere Gesundheit. Dabei ist es wichtig, dass man auch sich selbst vergeben kann. Sich selbst verzeihen zu können, bedeutet sich selbst einzugestehen, dass etwas nicht richtig war, was man gemacht oder gesagt hat, und sich trotzdem als liebenswerten Menschen betrachten kann.

Wenn wir anderen verzeihen, dann überwinden wir unseren Ärger und unsere Enttäuschung. Hass, Ärger, und Kränkungen wirken sich schädlich auf unsere Seele, unseren Körper und unsere Gesundheit aus. Unsere Lernfähigkeit sowie unsere Konzentrations und Leistungsfähigkeit lassen nach. Dies hat zur Folge, dass wir gereizt sind und sich Verärgerung und Verbitterung in uns breitmachen.

Wenn wir nicht bereit sind, vergeben und verzeihen zu können, verurteilen wir uns dazu selbst, nicht vergessen zu können und halten somit unsere Gedanken an. Und der Schmerz hat immer seine Präsenz.

Verzeihen können bedeutet Loslassen und ist eine Befreiung für Seele und Körper und macht Platz für Neues. Wer verzeihen kann, übernimmt Eigenverantwortung für seine positive Lebensgestaltung. Wer verzeihen kann, lässt nicht zu, dass äußere Einflüsse, andere Menschen oder bestimmte Ereignisse das eigene Leben beeinflussen können. Wer verzeihen kann zeigt Stärke. Vergebung bedeutet bereit zu sein, sich für Neues öffnen zu können.

(Bild 17: liebeisstleben.net)

Wichtig ist, dass das Verzeihen nicht nur über den Verstand stattfindet, sondern auch Vergebung in der Seele, tief und ehrlich aus seinem Innersten, denn erst dann bringt es uns den sogenannten Seelenfrieden und erfüllt uns mit Freude, und Liebe kann in uns wachsen. Verzeihen und Vergeben heißt allerdings nicht, dass wir Geschehenes für gut finden sollen. Oft braucht es etwas Zeit, um sich bedrückender Gefühle entledigen zu können. Meist passiert dies unbewusst, aber es kann auch Situationen geben, aus denen man sich bewusst befreien kann. So können körperliche Blockaden gelöst werden und somit ein Schritt zur Heilung erfolgen. Vergeben und trotzdem nicht gut heißen was geschehen ist.

✳✳✳

„Die empfangene Ungerechtigkeit zu verzeihen, bedeutet, sich selbst die Wunde seines Herzens heilen"

(Vinzenz von Paul)

✳✳✳

Wir sollten immer daran denken, dass „Nicht-Vergeben" immer uns selbst schadet und nicht den anderen. Vergebung ist eine Entscheidung und kein Gefühl. Obwohl es scheint, dass Vergebung teilweise etwas Unerreichbares ist, kommt man nur durch Vergebung zu „inneren Frieden". Entscheiden kann sich jeder, also kann auch jeder vergeben.

Vergeben ist nichts Neues und Unbekanntes

Im Alltag, und wir alle standen schon mal vor der Entscheidung, jemandem zu vergeben. Die meisten haben sicher Vergebung abgelehnt – aus Gründen wie Stolz, verletzte Eitelkeit, Wut oder Frust, vielleicht auch aus Angst heraus, nochmal verletzt zu werden.

Vergebung ist zu vergleichen mit einer Sinneswandlung. Allerdings ist auch das „Wollen" ein wichtiger Bestandteil in der Anfangsphase des „Vergeben-Könnens".

Vergeben bedeutet nicht eine Untat zu vergessen oder zu beschönigen. Es ist sogar wichtig, die Untat zu erkennen und sich des Negativen darin bewusst zu werden.

Verzeihen bedeutet nicht, Vergangenes rückgängig zu machen und bedeutet auch nicht, dass man Schuld und Unrecht ungeschehen machen kann.

Vergebung gilt immer dem Täter und nicht seiner Tat, Unrecht wird immer Unrecht bleiben.

Vergeben sollte als eine Chance und als ein Geschenk gesehen werden. Ein Geschenk an den Täter und eine Chance an sich selbst, um neu anfangen zu können. Mehr Gutes erreichen wir durch Vergebung, Verzeihen und Loslassen.

Voraussetzung für Vergebung aus tiefstem Herzen ist die tief empfundene Liebe, Liebe zu sich selbst, Liebe zu seinen Nächsten.

Die Liebe – aller Anfang!

Kapitel 7

Loslassen – Nur wer loslassen kann, hat beide Hände frei für einen Neuanfang!

✳✳✳

(Bild 18: Liebeisstleben.net)

Seien wir doch mal ehrlich, wir alle haben doch sicher schon mal den Ratschlag im Laufe unseres Lebens hören dürfen: *"Lass endlich los!" oder "Du musst endlich loslassen!"*

Nicht loslassen bedeutet, wir verharren in einer Situation, die letztendlich auch unserer Gesundheit schadet. Seelisch und körperlich belastet das *"nicht loslassen können"* und auch unsere anderen, in uns schlummernden Fähigkeiten, werden durch "nicht loslassen" extrem eingeschränkt! Manchmal merken wir erst, dass wir das Ticken überhört haben, wenn uns das Leben um die Ohren fliegt.

- *Loslassen können ist ein Energiespender für die Seele. Es erspart Ärger, Hass und Verbitterung.*
- *Loslassen bedeutet Gewinner zu sein, denn es bringt uns die Freiheit, die Lebensfreude und die Liebe zurück.*

Wir halten unbewusst an Dingen fest, weil wir Etwas befürchten, wenn wir loslassen. Nicht loslassen kann bedeuten, dass wir an einer bestimmten Situation festhalten, welche uns hindert, unsere Fähigkeiten auszuschöpfen.

Es versetzt uns in einen emotionalen Zustand, welcher uns seelisch oder gesundheitlich zu schaffen macht – sei es durch erfahrene Verletzungen, den Verlust eines geliebten Menschen in Bezug auf Trennung oder Tod, in Verhaltensmustern, welche uns zermürben und krankmachen, durch Chancen, welche wir verpasst haben wahr zu nehmen oder um weltliche Angelegenheiten, bei denen wir glauben, keiner meint es gut mit uns.

Daraus resultieren Symptome beginnend von Konzentrationsstörungen, Schlafstörungen, Suchtverhalten, bis hin zu Depressionen und Selbst-Ablehnung, was wiederum zum Verlust der Selbstliebe führt und als Resultat die Fähigkeit, Liebe zu geben und Liebe zu empfangen, verhindert. Loslassen ist eine Kopfsache und eine innere Einstellung. Loslassen lernen, ist für uns meist mit Arbeit und bewusster Anstrengung verbunden.

Die Vorstellung, etwas aufzugeben, ist schwieriger als etwas Neues zu beginnen. Wenn wir feststellen, dass unser bisheriges Leben nicht mehr den bisherigen Wünschen und Vorstellungen entspricht und wir uns aus dieser Erkenntnis heraus, aus dieser Situation befreien, dann lassen wir los.

Der Blick von der belasteten, krankmachenden Situation sollte nach vorne gerichtet werden, nachdem uns Gefühle wie Angst, Verzweiflung, Ärger, Trauer, Trennung oder Eifersucht in dieser Situation haben festfahren lassen.

(Bild 19: Liebeisstleben.net)

Bereit sein zum Loslassen

Wir sollen das, was uns widerfahren ist akzeptieren, auch wenn es uns nicht gefällt, wie und was uns passiert ist, da wir genau spüren, dass uns diese Situation körperlich und seelisch zu schaffen macht. Vertrauen ist der Schlüssel, welcher uns die Ruhe zu vermitteln vermag, dass es immer eine Lösung aus dieser Situation herausgibt.

Das Schöne in unserem Leben ist, dass das Leben für uns mehr als nur eine Chance bereithält und es somit für uns immer wieder Neuanfänge geben kann, egal in oder aus welcher Situation.

Dazu bedarf es des Erkennens und des Loslassens. Loslassen ist keine Kapitulation. Die Bereitschaft Dinge zu akzeptieren, auch wenn wir sie nicht gut finden, und zu erkennen, dass man nicht versagt oder verloren hat. Auch die Bereitschaft zu erkennen, dass man selbst nicht alles richtig macht und sich andere Menschen nicht immer so verhalten, wie wir es gern hätten.

Nur wer loslassen kann, hat beide Hände frei für einen Neuanfang. Erkennen und Akzeptieren der Situation, in welcher man sich befindet, und vergeben und verzeihen können, stärkt unser positives Denken zur Veränderung und lässt uns offen werden für einen Neuanfang im Leben.

Kapitel 8

Neuanfang – der Ruf des Lebens

✳✳✳

(Bild 20: canva.com)

✳✳✳

„Und plötzlich weißt Du, es ist Zeit etwas Neues zu beginnen

und dem Zauber des Anfangs zu vertrauen"

(Allure)

✳✳✳

Irgendwann stehen wir vielleicht an dem Punkt, dass alles festgefahren zu sein scheint, man spürt eine Hilflosigkeit, Resignation und eine Leere in sich. Ein Gefühl alles satt zu haben macht sich breit und wir spüren, dass unser Leben dringend eine Veränderung braucht, um wieder Lebensfreude zu spüren. Aber lohnt sich denn ein Neuanfang? Ist es nicht viel zu mühsam nochmal von vorne anzufangen oder etwas Neues zu beginnen?

Ein Neuanfang, so verheißungsvoll er auch ist, macht er uns doch auch Angst. Jeder von uns hat bereits einen Neuanfang hinter sich. Neue Freundschaften, neue Jobs, Hobbys, Beziehungen, Familie, Kinder, neues zu Hause...was auch immer, es waren „Anfänge" und wenn wir zurückdenken, sicher jedes Mal in diesen Neuanfängen die besten Augenblicke unseres Lebens. Wir haben damals nicht gewusst, wohin unser Neuanfang führt.

Unser Leben bewegt sich immer nach vorn und immer in unbekannte Bereiche, an denen wir aber immer wachsen und lernen.

∗∗∗

„Die reinste Form des Wahnsinns ist es, alles beim Alten zu belassen und zu hoffen, dass sich etwas ändert"

(Albert Einstein)

∗∗∗

Wenn unser Leben zu eng geworden ist, werden wir unzufriedener und sind nicht mehr glücklich in unserem *„Hier und Jetzt"*. Eine große Sehnsucht beginnt sich in uns breit zu machen. Eine

Sehnsucht nach einem Neuanfang. Eine Sehnsucht sein wahres neues Ich zu befreien und ihm neue Möglichkeiten zu geben, sich zu entfalten. Es ist bei uns meist immer ein *„Eigentlich will ich"*…auf das ein *„Aber"* folgt und uns daran hindert einen Neuanfang zu wagen. Uns fallen 1000 Gründe ein, warum das nicht geht. Also leiden wir vor uns hin. Wir sind unzufrieden mit uns selbst und leiden unter unserer eigenen Feigheit.

Morgens stehen wir dann schon mit einem Unzufriedenheitsgefühl auf und fühlen uns schon total verbraucht und lustlos dem alten Trott nachzugehen. Wenn wir das spüren, warum wollen wir nichts verändern und einen Neuanfang wagen? Es ist meist die Angst vor dem Scheitern, was uns hindert etwas Neues zu beginnen, denn das „Alte" kennen wir ja und da fühlen wir uns sicher, auch wenn wir nicht mehr froh und glücklich in diesem Zustand sind, so ist es dennoch das Altbekannte, das Vertraute.

Wenn wir unser *„Hier und Jetzt"* gegen etwas Neues eintauschen, haben wir das Gefühl in unserem alten Leben, versagt zu haben. Lieber jammern wir weiter vor uns hin, werden immer frustrierter, als uns aufzuraffen, um nach Lösungen und neuen Ziele zu suchen.

Die Angst vor dem Verlust und wieder von Null anfangen zu sollen hemmen uns. Somit wird unser bisheriges Leben immer glanzloser. Angesichts dessen, dass wir, je älter wir werden das Gefühl der Angst in uns überwiegt, kostet ein Neuanfang Mut und viel Kraft. Aber die Kraft steckt in uns! Wir können Unmögliches möglich machen, dessen sollten wir uns bewusst sein! Nutzen wir die Möglichkeit zu einem Neuanfang, denn er schenkt uns Möglichkeiten der Weiterentwicklung. Es ist doch egal in welche Richtung diese Entwicklung läuft und wohin sie uns führt.

Wir wachsen daran!

Wir entwickeln ungeahnte Kräfte und somit lässt es uns angesichts der neuen Bereiche, welche sich uns öffnen, bewusster LEBEN. Wir können selbst bestimmen was unsere wahre Wirklichkeit ist und nicht die der anderen oder der Umstände. In Zeiten des Stillstands in unserem Leben sind wir nicht mehr empfänglich für Liebe und Glück. Ein Neuanfang aus festgefahrenen Situationen führt uns zur Selbstverwirklichung und macht uns glücklicher, wir werden beginnen uns wieder selbst zu lieben uns selbst zu vertrauen und wir können wieder Liebe geben.

***

„Wenn Du immer wieder das tust, was Du schon immer getan hast, dann wirst Du immer wieder das bekommen, was Du schon immer bekommen hast.

Wenn Du etwas anderes haben willst, musst Du etwas anderes tun! Und wenn das, was Du tust, Dich nicht weiterbringt, dann tu etwas völlig anderes, statt mehr vom gleichen Falschen!"

(Paul Watzlawick)

***

Wir alle sagen, je älter wir werden umso schneller vergeht die Zeit. Aber dass die Zeit so schnell vergeht, liegt an einem Mangel in unserem Leben.

Es ist ein Mangel an Neuanfängen, da wir in unserem routinierten Leben festgefahren sind. Denn je mehr Routine das Leben bestimmt, umso festgefahrener sind wir und haben so weniger Impulse und Ideen.

$$***$$

„Manchmal ist es so, dass wir unser Leben komplett

durchrütteln, verändern und neu ordnen müssen,

damit wir dorthin gelangen, wo wir hingehören."

(Allure)

$$***$$

Neuanfänge sind gesund

Der vermiedene Neuanfang macht krank. Der Körper streikt und sendet uns Hilferufe in Form von Krankheiten. Es ist das *„ungelebte Leben"* was unseren Körper und die Seele dazu führt. Mit Krankheiten sendet er uns *„Aufrufe zum Leben"*. Die Impulse zu einem Neuanfang werden aus Liebe und Leid geboren. Ein Traum, ein Ziel, geboren aus Liebe.

Das Leiden geboren aus der Situation, in welcher wir uns befinden. Wenn die Impulse so stark und mächtig werden, können sie die Angst überwinden und wir werden bereit sein zu einem Neuanfang, und lassen uns dann nicht mehr am Aufbruch hindern, und die Schuldgefühle werden verschwinden. An jedem Neuanfang steht ein symbolischer Tod.

Tod in dem Sinne sich von etwas zu lösen, loszulassen.

Aber es muss nicht unbedingt ein endgültiger, dauerhafter Tod oder Abschied vom alten Leben sein, denn es gibt möglicherweise auch vieles Bewahrens wertes daran, etwas was seinen Platz ganz tief in unserem Herzen gefunden hat, für immer.

***

„Fasse den Mut, Dich Deinen Ängsten zu stellen,

achtsam, liebevoll und Schritt um Schritt"

(Allure)

***

Manchmal bedarf es Kompromisse einzugehen, um einen Neuanfang zu wagen. Es reicht auch, einen Neuanfang mit kleinen Schritten zu beginnen.

Manchmal ist das wichtig für uns, um die Möglichkeit zu haben, stolz auf unsere stattfindende Entwicklung zu sein, um mutiger zu werden unseren Plan vom Neuanfang weiterhin verfolgen zu können. Oftmals ist das wichtig für unser Sicherheitsdenken.

Viel aufregender ist das *„Unmögliche"*, was wir wie ein großes Abenteuer erleben können. Raus aus dem Sicherheitsdenken – hinein ins Abenteuer.

„Wenn der Weg, den Du gehst,

schön ist und dich glücklich macht,

dann frag nicht, wohin er führt,

sondern geh ihn und schau nicht zurück!"

(Bild 21: canva.com)

Jeder muss für sich selbst entscheiden, ob er einen Neuanfang wagen möchte, und jeder muss für sich selbst entscheiden, was für ihn der richtige Weg ist.

Zuerst bedarf es einem winzigen Schritt....und dann? In kleinen Schritten weiter?

Oder doch den ganz großen Schritt wagen?

Kapitel 9

Zukunftsträume

Haben wir das Träumen verlernt?

***

(Bild 22: canva.com)

Wer von uns hat nicht auch folgendes zu hören gekriegt?

"Hör auf zu träumen!" ... "Träume nicht so viel!" "...das sind alles nur Träume, das wirkliche Leben sieht anders aus!" ... "Träume erfüllen sich nicht!" -...oder ironische Aussagen wie: "Ja, ja, träum nur weiter...!"

So oder ähnliche Aussagen begleiten die meisten von uns seit unserer frühesten Kindheit und immer wieder werden wir von unserem Umfeld versucht auf den vermeintlichen Boden der Tatsachen zurück „gezerrt" zu werden. Lassen wir das zu, dann lassen wir uns unserer Träume berauben.

✳✳✳

„Trenne dich nie von deinen Träumen.

Wenn sie verschwunden sind, wirst du weiter existieren,

doch aufgehört haben zu leben."

(Mark Twain)

✳✳✳

Es sind die Träume, durch welche wir ein Ziel vor den Augen haben. Sie machen unser Leben lebenswert und bringen uns dazu jeden Morgen aufzustehen. Denn was wären wir ohne unsere Träume? Träumen und der Realität entfliehen ist schön und ermöglicht uns die Zukunft gedanklich besser zu gestalten. Das hält uns aufrecht und gibt uns innerliche Kraft und Zuversicht. Mit unseren Träumen können wir uns eine andere Realität erschaffen, wir können in ein Land der Fantasie, des Glücks, der Freude, der Liebe und der Zärtlichkeit abtauchen, was auch immer und wann immer wir es wollen. Dadurch entstehen in uns andere Gefühle. Wir fühlen alles das, was wir uns gerade erträumen, dass was wir gerade im Moment vermissen und was uns zu diesen Träumen veranlasst. Wir können lieben, uns freuen, glücklich und zärtlich sein. All das lässt ein Wohlgefühl von Wärme in uns zurück und gibt uns Zuversicht und Geborgenheit. In jedem von uns ist dieses bewusste oder auch unbewusste Verlangen nach Wärme und Geborgenheit, ein Verlangen nach Liebe und inneren Frieden, denn das ist es, nach was unsere Seele verlangt, wonach sie strebt – Liebe und inneren Frieden.

65

(Bild 23: Liebeisstleben.net)

Wir sollten uns im Klaren darüber sein, dass jeder Gedanke, also auch jeder Traum eine Wirkung hat, eine Auswirkung auf die Zukunft. Auch negative Gedanken und negative Träume. Es ist eine Schwingung, die freigesetzt wird, und nicht damit endet, wenn wir aufhören zu träumen oder zu denken. Denn wir sind der Schöpfer unserer Zukunft, unserer eigenen Realität.

***

„Alles, was Sie denken, sich vorstellen und glauben können,

das können Sie auch verwirklichen"

(Kurt Tepperwein)

***

Um sich seiner Gedanken bewusst zu werden, ist es wichtig die Gedanken zur Ruhe kommen zu lassen, damit sie nicht mehr wild und durcheinander sind, damit wir ERKENNEN können. Wenn wir uns schwer damit tun, die Gedanken zur Ruhe zu bringen, zu ordnen, ist Meditation sehr hilfreich. Mit jedem neuen auftauchenden Gedanken ändern wir augenblicklich unseren momentanen Geisteszustand, da dieser sich sofort dem neuen Gedanken zuwendet und von dem alten ablässt. So ist es auch mit unseren Träumen, je nachdem wie stark, wie präsent, wie oft und wie dauerhaft sie sind, vermögen wir das Erträumte zu erreichen und somit unser Leben zu verändern.

Es sind unsere Erwartungen, Gedanken und Träume, die unsere Zukunft bestimmen und beeinflussen und wie wir uns fühlen. Sie sind es die bestimmen, welche Entscheidungen wir treffen und welche Zukunft dann tatsächlich eintritt. Durch eine eingenommene positive Erwartungshaltung, unsere Träume und das gedankliche Ausmalen unserer Zukunft lässt uns auf das Kommende freuen. Wir spüren diese Vorfreude in uns und wir sind voller Energie, sind optimistisch und beschwingt in unserem Tun.

Wir werden kreativer, haben mehr Lust Neues auszuprobieren, gehen offener und positiver auf andere zu und erzielen bessere Ergebnisse. Und das alles, weil wir mit uns im Einklang sind. Durch Angst und Befürchtungen bezüglich unserer Zukunft, verändern wir unsere innere und äußere Haltung. Wir sind angespannt, voller Sorge, wir machen zu verschließen uns. Das hat zur Folge, dass wir noch mehr Unangenehmes in unser Leben ziehen, da wir in dieser Gemütslage nicht fähig sind, optimale Lösungen zu finden und auf unsere Zukunft ausgerichtete positive Entscheidungen zu treffen.

***

„Lehne es nicht ab, das Negative zur Kenntnis zu nehmen,

weigere Dich lediglich, Dich ihm zu unterwerfen!"

(N.V. Peale)

***

Wir dürfen lernen ein Bewusstsein zu entwickeln, diesen negativen Einfluss zu überwinden und abzuwenden, uns auf unsere innere Kraft und Stärke konzentrieren. Der Beginn zu diesem *„Bewusstseinswerden durch Erkenntnis"*, sich in dieser Situation zu befinden, ist die Wiederentdeckung der Eigen- bzw. Selbstliebe.

Das ist eine wichtige Voraussetzung – die aufrichtige, ehrliche Liebe zu uns selbst, denn das verhilft uns zu einer körperlichen, psychischen und seelischen Stabilität. Denn dann können wir uns auch Klarheit verschaffen und unseren Visionen aufmerksam folgen.

Wir leben alle in einem Universum von Liebe, Reichtum und Fülle und es ist uns möglich die verschiedensten Lebenssituationen zu meistern, aktuelle Herausforderungen Stand zu halten und eine erfolgreiche, glückliche Zukunft zu schaffen.

Wir dürfen nur unser Bewusstsein, unser Denken und Fühlen ändern, damit wir freie Entscheidungen, geleitet von Liebe, treffen können.

(Bild 24: Liebeisstleben.net)

Wir dürfen lernen loszulassen, uns freizumachen von Angst, Zorn, Ärger, Trauer, Schmerz und Verzweiflung, das Hier und Jetzt erleben, in uns ruhen, um uns mit einer leuchtenden Zukunft verbinden zu können, welche wir dann mit Genuss erleben werden.

„Träume nicht dein Leben, Lebe deinen Traum."

Kapitel 10

Geborgenheit

Das schönste Nebenwort der Liebe

***

(Bild 25: pixabay.com)

Wir leben (noch) mitten in einer Zeit, die gezeichnet ist, von Kälte und Egoismus, vom Auflösen traditioneller Strukturen und Lebenswelten, von politischen und wirtschaftlichen Umwälzungen und vom Verlust religiöser oder spiritueller Führungen.

Je medialer, globaler und virtueller unsere Welt wird, desto größer wird auch die Sehnsucht nach Sicherheit, Schutz, Liebe, Wärme und Vertrauen, und desto mehr sehnen wir uns nach Geborgenheit.

Doch wo und wie kann jeder Einzelne in den verschiedenen Lebensbereichen in seinem alltäglichen Denken, in der Liebe, im Handeln und Fühlen selbst, jetzt zu seiner Geborgenheit finden? Welche Denkansätze und Betrachtungsweisen gibt es hierfür?

Was ist Geborgenheit?

- Geborgenheit ist ein Gefühl des Urvertrauens, sich beschützt zu fühlen, Halt und Sicherheit zu finden, wenn wir es brauchen und ein Gefühl unverletzlich zu sein.
- Geborgenheit ist ein Gefühl von Ruhe, Wärme, Frieden, Nähe und LIEBE und die Akzeptanz in all diesem durch Andere.
- Geborgenheit ist ein zentrales Lebensgefühl und eine Grundvoraussetzung für unser Leben und für eine stabile Entwicklung der eigenen Persönlichkeit.
- Geborgenheit ist ein inneres Gefühl was sich durch „Loslassen können" kennzeichnet.
- Geborgenheit ist das Vertrauen ins Leben.
- Geborgenheit ist ein Gefühl der Zugehörigkeit und der Heimat.

Wenn wir uns geborgen fühlen, verspüren wir weder Angst noch Wut noch Traurigkeit, noch Einsamkeit.

Wenn wir uns geborgen fühlen, können wir uns entspannen, finden zu uns selbst zurück und sind in der Lage, unsere eigenen Bedürfnisse zu spüren. Geborgenheit können wir auch spüren, wenn wir allein sind. Sie kann auch abhängig von unserer seelischen Verfassung sein, welche stark durch unsere eigene Einstellung zu unserem Selbst, unserer Umwelt und unseren Mitmenschen beeinflusst wird.

(Bild 26: Liebeisstleben.net)

Geborgenheit haben wir im Mutterleib gespürt und suchen diese auch als Erwachsene. Wer als Kind durch Abwesenheit von Geborgenheit kein Urvertrauen entwickeln konnte, leidet oft unter Zukunftsängsten, welche Verlust- und Bindungsangst miteinschließen.

Zu allen Zeiten haben die Menschen den Zustand von Geborgenheit angestrebt und somit spielt auch Geborgenheit für Erwachsene in der heutigen Zeit eine wichtige Rolle.

Geborgenheit ist ein wertvolles Geschenk. Durch Abwesenheit von Geborgenheit gerät unser Leben schnell aus dem Takt und wird durch rastloses Suchen getrieben und kann einen schweren Konflikt in uns auslösen. Geborgenheit – ein Gefühl endlich angekommen zu sein, auf der Suche nach einem bestimmten Ort, einem bestimmten Zuhause oder dem richtigen Menschen, die all das bieten kann, damit diese Sehnsucht ein Ende hat. Ein Gefühl von Sehnsucht, welches wir mit Nähe verbinden.

Geborgenheit, ein vollkommenes, einzigartiges Gefühl, in dem wir uns selbst wiederfinden können, um auch unsere Träume zu verwirklichen und um den Alltag besser meistern zu können. Das lässt in uns ein Gefühl von Glück wachsen, weil wir in uns selbst sein können.

Geborgenheit ist ein schönes Wort und ein noch schöneres Gefühl. Wer Geborgenheit spürt, ist stark. Wer sie vermittelt, gewinnt. Besonders in der partnerschaftlichen Beziehung sehnen und suchen wir nach Geborgenheit. Wenn wir sie in der Partnerschaft finden, können wir loslassen, uns fallen lassen, uns hingeben.

Der Partner ist der Spiegel unseres Selbst. Wir finden zu uns selbst zurück, durch Berührungen und Zärtlichkeiten, ein schöner und einfacher Heilungsweg für die Seele.

Geborgenheit ermöglicht uns das Zusammenleben, erhält uns gesund, macht uns glücklich und stark und lässt die Liebe in uns blühen.

Kapitel 11

Innere Freiheit – Innerer Frieden

***

(Bild 27: pixabay.com)

„Es ist möglich, die Illusionen von Zeit und Raum aufzulösen und zur Realität zurückzukehren, die reine Liebe ist allumfassende, vom Geist durchdrungene Liebe. Keine Bewusstseinserfahrung ist machtvoller als die, wie es sich anfühlt, wenn wir eins sind mit der Quelle und zu reiner Liebe & Vergebung fähig werden."

(Gary R. Renard – Autor des Buches: „Innerer Frieden durch Liebe & Vergebung")

Was unterscheidet erfolgreiche Menschen von anderen? Sie gehen anders an die Dinge heran! Innerer Frieden und wahres Glück entstehen aus der Verbindung mit dem Göttlichen in uns und durch Selbstliebe.

***

"...Jeder von uns kann auf natürliche Weise

seine eigene innere Mitte und seinen eigenen Weg finden..."

(Allure)

***

Innerer Frieden bedeutet inneres Gleichgewicht, ein Gefühl von Leichtigkeit und Unbeschwertheit, Harmonie, Liebe, Glück, Ausgeglichenheit, Stille, Losgelöstheit, Entspannung und Ruhe. Freiheit ist die Essenz unseres innersten Wesenskerns und kann in allen Lebenslagen entdeckt werden. Wenn wir bereit sind, authentisch mit uns im Einklang zu leben, werden wir entdecken, dass wir inmitten von Allem frei sind. Freiheit ist untrennbar mit unserem freien Willen verbunden und ein Synonym für Verantwortung zu uns selbst, mit der verbundenen Kraft der wahrhaftigen und selbstlosen Liebe.

Freiheit beginnt immer in uns selbst mit dem eigenen Annehmen und Vergeben. Nicht unsere Fähigkeiten zeigen, was oder wer wir sind, sondern unsere Entscheidungen. Von der Erfahrung frei zu sein, für die Wahrheit unseres Selbst, hält uns nur unser Verstand und unser anerzogenes Denken ab.

In allen Belangen des Lebens, ob Gewissen, menschliche Würde, das Leben in Übereinstimmungen mit den aktuellen Strömungen… wir haben immer die Wahl. Wer nicht in der Lage ist, sich den gesellschaftlichen Vorstellungen und Vorgaben zu widersetzen und nicht endlich beginnt, selbstverantwortlich zu denken und zu handeln, wird auch nie in der Lage sein, ein Leben in Übereinstimmung mit den kosmischen Gesetzen zu führen.

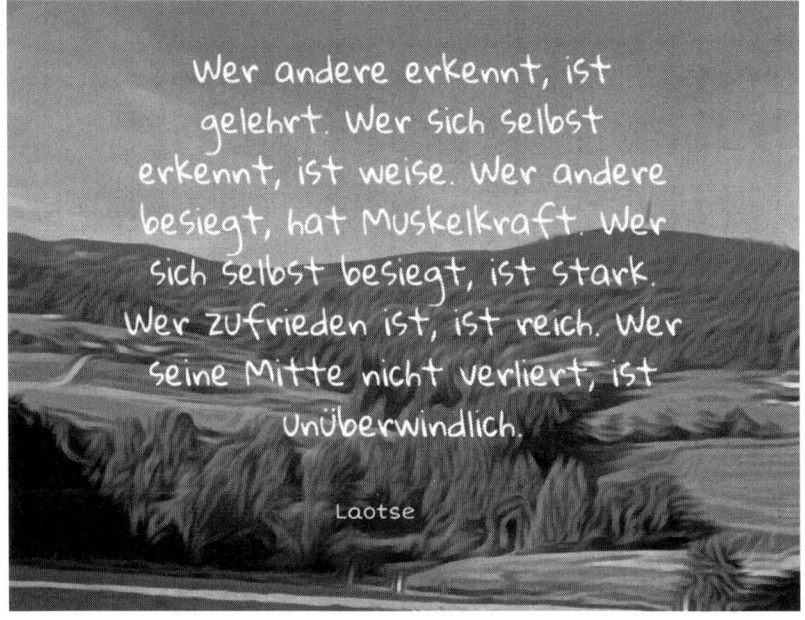

Wer andere erkennt, ist gelehrt. Wer sich selbst erkennt, ist weise. Wer andere besiegt, hat Muskelkraft. Wer sich selbst besiegt, ist stark. Wer zufrieden ist, ist reich. Wer seine Mitte nicht verliert, ist unüberwindlich.

Laotse

(Bild 28: Naveene)

- Freiheit bedeutet Selbstbestimmung
- Freiheit bedeutet innere Ruhe
- Freiheit bedeutet innere Sicherheit und innere Stärke

- Freiheit bedeutet zu spüren, wie schön und voller Freude das Leben ist
- Freiheit bedeutet Liebe spüren, sie zu leben, sie zu geben, sie anzunehmen

Bestimmte Teile des Lebens werden in uns unterdrückt durch eine Menge von einengenden Ansprüchen, Glaubenssätzen und Gewissensstimmungen, welche der inneren Freiheit gegenüberstehen und stellen somit unser Selbstwertgefühl erheblich in Frage.

Selbstwertgefühl ist die Basis für Selbstliebe, Liebe, Freude und Vitalität. Um eine wahre Selbstbestimmung verwirklichen zu können, ist es nötig, ein anderes Bewusstsein zu entwickeln, sich aus früheren Prägungserfahrungen zu lösen und alte festgefahrene Verhaltensmuster abzulegen. Jeder von uns kann auf natürliche Weise seine eigene innere Mitte seinen eigenen Weg finden.

Jeder von uns besitzt genug Potential und Ressourcen – das sind in uns ruhende Schätze, welche leider oft ungenutzt bleiben. Jeder von uns trägt all das in sich, was für das eigene Glück, für die Zufriedenheit und das Wohlbefinden nötig ist.

(Bild 29: Canva.com)

Innerer Frieden hat Auswirkung auf die Seele

Zur inneren Freiheit gelangen wir durch die Fähigkeit und den Mut unser Leben selbst zu gestalten und so zu leben, wie es für jeden selbst genau richtig ist. Ablegen von negativen Gefühlen wie Angst, Wut, Hass, Misstrauen, Verzweiflung und Verbitterung sind Voraussetzung, um zu innerem Frieden und zu innerer Freiheit zu gelangen. Wenn wir inneren Frieden spüren haben wir kein Bedürfnis, uns mit anderen zu vergleichen oder uns und andere zu verurteilen – wir bleiben ganz bei uns selbst.

Dann haben wir auch kein Interesse über die Vergangenheit nachzugrübeln, da wir den Augenblick genießen und ein Gefühl von Dankbarkeit empfinden. Innere Freiheit ist ein Zustand von Kraft und Klarheit, welcher für längere Zeit aufrechterhalten werden kann.

Wer sein Leben nach seinen eigenen Visionen ausrichtet, wird innerlich frei, glücklich, erfolgreich und voller Liebe sein. Gefühle über das Bewusstsein der inneren Stärke in uns zu halten und willkommen zu heißen, ist der Schlüssel zur Befreiung.

Kapitel 12

Vorurteile machen blind

***

(Bild 30: Liebeisstleben.net)

Vorurteile machen uns berechenbar und manipulierbar, weil andere unsere vorgefertigte Meinung anderen gegenüber kennen!

- Vorurteile beeinflussen unsere Erfahrungen.
- Vorurteile wirken wie eine selbsterfüllende Prophezeiung.
- Vorurteile wirken wie ein Filter.
- Vorurteile verhindern uns zu entwickeln.
- Vorurteile verhindern die Fähigkeit zur aufrichtigen Liebe.
- Vorurteile bremsen uns aus.

Wenn wir glauben alle Menschen sind schlecht, sind uns nicht wohl gesonnen, voller Neid und Missgunst, dann sind wir blind für die guten Menschen. Resonanz: wir ziehen genau diese Menschen, von denen wir uns eine Meinung gebildet haben, sie seien schlecht, in unser Leben.

Sind wir voller Vorurteile, dann sehen wir nur überall Probleme und nehmen uns die Möglichkeit Lösungen zu finden. Auch Vorurteile sich selbst gegenüber verhindern positive Erfahrungen, da alles gut Gelungene ausgeblendet wird und das Augenmerk auf die gemachten Fehler gerichtet ist, was somit die Chance verhindert, eine andere Meinung über sich selbst zu bilden. Auf Grund von Vorurteilen sind wir blind für die Wirklichkeit, wir sehen nur einen Teil der Realität, welcher mit unseren Erwartungen übereinstimmt.

Wer sich seine Meinung über etwas bildet, ohne die Sache zu kennen, hat ein Vorurteil. Oft genügt es nur unsere Einstellung zu ändern, wenn uns nicht gefällt, was wir sehen.

Vorurteile sind feindselige Gefühle anderen gegenüber und in erster Linie auf Äußerlichkeiten und somit gleichzeitig auf charakterliche Eigenschaften bezogen. Ein Urteil wird gefällt, bevor es die Sachkenntnis erlaubt.

Wer gibt uns das Recht zu Urteilen?

Zu Beurteilen und Verurteilen?

Jeder von uns hat Vorurteile, auch wenn wir uns dessen nicht immer bewusst sind. Täglich passiert es uns, Urteile zu fällen, ohne die eigentliche Geschichte dahinter zu kennen.

Ein Baby zum Beispiel, kommt auf die Welt, voller Reinheit und ohne Vorurteile. Im Laufe der Jahre, im Laufe des Lebens, im Laufe des Einflusses durch unsere Umgebung, durch unser Umfeld, durch unsere Medien und nicht zuletzt durch eigene Erfahrungen, versuchen wir unsere Umwelt einzuordnen.

Das bringt zwar einen gewissen Selbstschutz mit sich und ist nicht immer schlecht, allerdings neigen wir dazu Vorurteile auf andere Ereignisse oder Menschen zu übertragen. Wenn wir andere auf den ersten Blick persönlich bewerten, wie können wir Gleichberechtigung erfahren, wie können wir Nächstenliebe entwickeln?

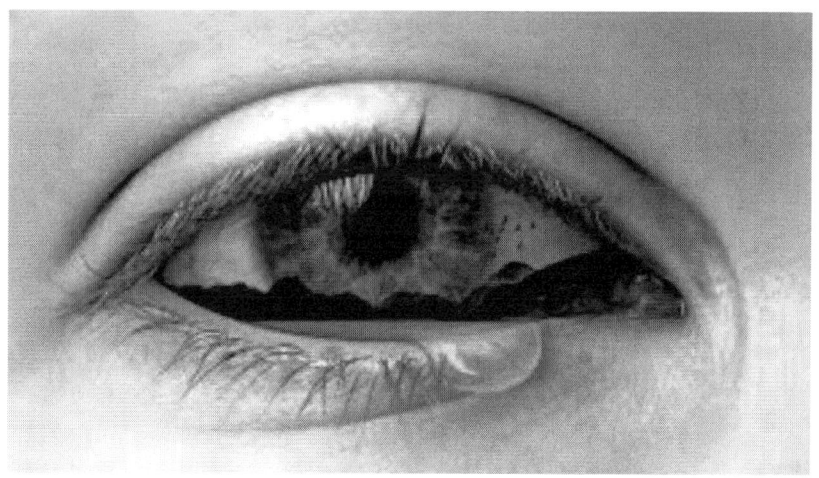

(Bild 31: Canva.com)

Es ist die Angst davor, von der Gesellschaft, welche bestimmte Ansichten vertritt, verurteilt zu werden. Anders zu sein – ein Alptraum für viele, nicht zur Masse dazuzugehören. Dabei sollte man stolz sein, auf das wie man ist, sich von der Masse abzuheben, nicht mit der Masse mit zu schwimmen! Vorurteile verändern die Art wie wir anderen gegenübertreten und stellen uns selbst als etwas Besseres dar. Wir stellen uns über den anderen.

Auch die Liebe ist nicht frei von Vorurteilen. Denn Liebe kennt keine Rassen, keine Geschlechter, kein Alter und keine Religion.

Du sollst deinen Nächsten lieben wie dich selbst – auch dieses Gebot ist nicht frei von Vorurteilen, an welchen viele aus purer Bequemlichkeit scheitern.

Falsche negative einseitigen Urteile begleiten uns ständig und beeinflussen unser Denken und Handeln. Sie nehmen uns die Möglichkeit objektive Entscheidungen zu treffen. Es stärkt die Negativität im eigenen Kopf und verhindert einen offenen Blick auf die Welt um uns herum. Um Vorurteile abzustellen, müssen sie erst mal als solche erkannt werden. Wer sich dessen bewusst wird und über seinen Horizont hinausschaut und Gründe nachdem WARUM sucht – was dahintersteckt, dem wird es möglich sein, seine Vorurteile nach und nach abzustellen. Wir alle brauchen und wollen und sehnen uns nach Liebe. Also sollte die Liebe auch allen bedingungslos und uneingeschränkt zur Verfügung stehen. Wenn wir von Vorurteilen absehen, wird sich in uns und um uns herum viel verändern, unser aller Denken wird sich verändern und es wird uns zu offenen, toleranten, liebenden Menschen machen!

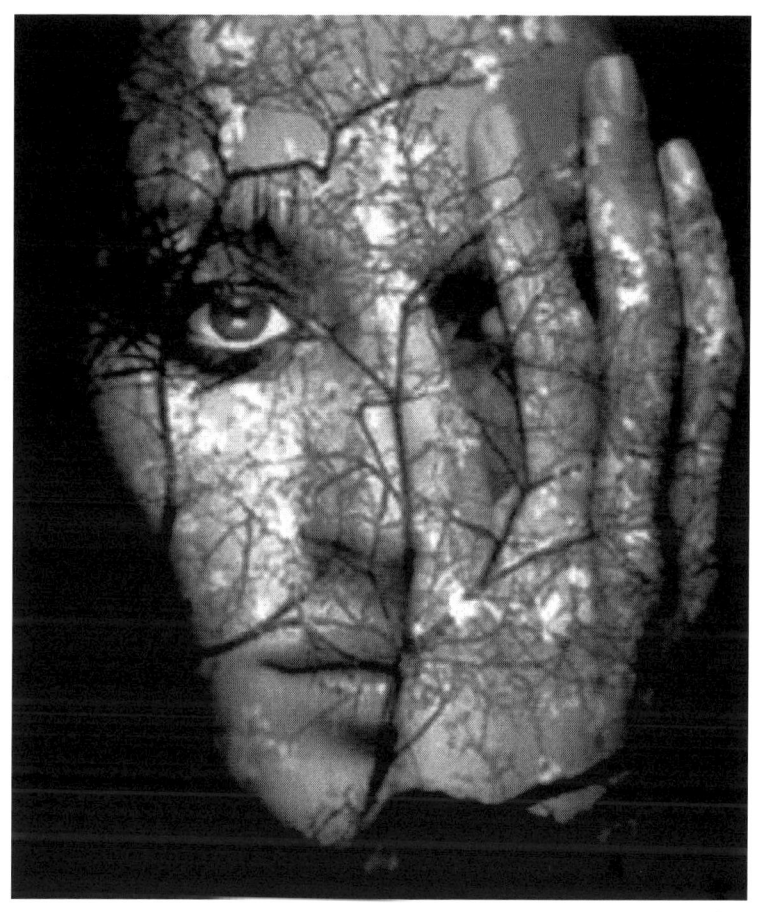

(Bild 32: Liebeisstleben.net)

***

*Einsicht eigener Fehler! Abstellen von Vorurteilen sind Wege
zur Liebe! Liebe wiederum ist unser Leben!*

(Allure)

***

Kapitel 13

Die Macht der inneren Stärke

***

(Bild 33: Liebeisstleben.net)

Fühlen wir uns in unserem Inneren schwach und

zerbrechlich?

Glück. Die Fähigkeit, wie der Fels in der Brandung mit den Unwägbarkeiten des Lebens umzugehen und sich nicht sofort aus dem Konzept bringen zu lassen, wenn es mal etwas rauer zugeht, hilft ungemein. Immer stärker wird der Druck von außen und es wird immer schwieriger sich behaupten zu können, je größer die Anforderungen im Leben sind. Der Wunsch nach Halt und Orientierung wird immer größer, je mehr wir spüren, wie schwach wir eigentlich sind. Wir suchen nach Entscheidungshilfen, um Niederlagen besser wegstecken zu können. Wenn wir besser mit Rückschlägen umgehen können und den äußeren Druck besser standhalten, sind wir zuversichtlicher und widerstandsfähiger im Alltag. Wir sind dann die besser gelaunteren, herzlicheren Menschen und können uns schneller neuen Bedingungen anpassen.

***

„Wenn man alles, was einem begegnet, als Möglichkeit zu innerem Wachstum ansieht, gewinnt man innere Stärke"

(Allure)

***

Eine wichtige Voraussetzung für innere Stärke sind enge, emotionale Bindungen bereits in unserer Kindheit, welche uns zu jenen Menschen haben aufschauen lassen und von welchen wir lernten, wie diese mit Problemen umgingen.

***

„Lege deine Aufmerksamkeit nicht auf Menschen, die dich enttäuscht haben. Befasse dich lieber mit Menschen, die dich fördern und dich lächeln lassen.

Vor allem dann, wenn dir überhaupt nicht zum Lachen zumute ist. Diese Menschen machen dich stark und sind ein wahrer Gewinn!"

(Pierre Franckh)

***

Wir alle haben von Geburt an eine starke Kraftquelle in uns, welche leider, wie in den meisten Fällen, durch verschiedene Umstände und Prägungen verloren gehen können. Jeder hat ein starkes Bedürfnis nach Weiterentwicklung in sich und einen starken Selbsterhaltungstrieb. Zu fallen und wieder aufzustehen haben wir als Kind schon gelernt, doch viele verlernen im Laufe des Lebens durch Rückschläge wieder aufzustehen, weil sie das Vertrauen in sich selbst verloren haben.

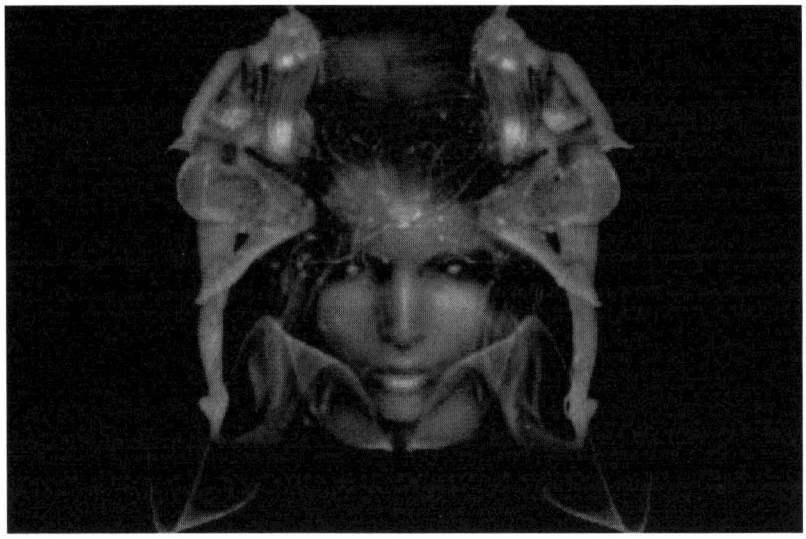

(Bild 34: Youtube-Screenshot)

Selbstwert - innere Stärke

Nichts hat so eine große Auswirkung auf unsere Lebensqualität wie unser Selbstwertgefühl und unser Selbstvertrauen.

Fehlen uns Selbstvertrauen und Selbstwertgefühl, nützen uns auch die guten Dinge im Leben nicht viel. Wenn wir uns selbst lieben, trauen wir uns mehr zu und wir bekommen Liebe, Anerkennung und inneren Frieden.

Das verhilft uns zu Stärke. Wie wir erkennen können, es läuft immer alles auf die Selbstliebe hinaus. Wir alle haben die Möglichkeit unsere innere Stärke wiederaufzubauen.

Dazu dürfen wir erst einmal in uns selbst gehen, lernen wer wir eigentlich sind und uns selbst mit Achtung, Respekt und Liebe begegnen. Wir dürfen uns beobachten und frei von Urteilen machen, uns und anderen gegenüber. Wir dürfen uns bewusstwerden, ob das was wir sagen auch das ist was wir denken und meinen, oder ob das nur auf Bestätigung von außen erfolgt. Es sollte unser Ziel sein, eigene Entscheidungen zu treffen, sich nicht den Vorstellungen anderer anzupassen und zur Ruhe zu finden.

Nur wenn wir unserem Selbst bewusst sind, sind wir auch authentisch. Wir verschwenden unnötige und unendliche Kraft, wenn wir nicht in unserer Mitte ruhen. Nur wenn wir in uns selbst sind, können wir den Druck und den Widerstand besser aushalten und beginnen unserer inneren Stärke wieder zu spüren und ihr zu vertrauen.

Das Geheimnis innerer Stärke besteht darin, sich die Freiheit zu nehmen sein eigenes Leben zu leben, sich selbst zu fühlen, die Bereitschaft zu entwickeln andere fühlen zu können und auf sie einzugehen, sich zu verbinden und in keiner Weise abzugrenzen.

Diese Menschen haben es nicht nötig zu lügen, um etwas zu erreichen, sie brauchen keine feigen Ausreden zu benutzen, sondern finden ihre Stärke in der Wahrheit.

Kapitel 14

Die Beeinflussung unseres „Glaubens" durch unser Umfeld und die Freiheit des Wissens

***

(Bild 35: pixabay.com)

Glauben wir, weil die Idee schon so lange existiert oder glauben wir nur deshalb, weil unser Umfeld es tut, weil unsere Familie es tut oder weil ein anderer, jemand den wir als Vorbild ansehen, es glaubt?

Bereits in der Schule wurde uns beigebracht zu glauben, was uns gelehrt wurde. Wurden wir dazu angehalten unsere eigenen Erfahrungen zu machen, und uns selbst eine Meinung zu bilden, um das zu glauben, was wir glauben? Oder glauben wir das, was die Massenmedien uns berichten und das was uns gelehrt wurde? Und glauben wir nur, weil alle anderen das glauben? Sich eine eigene Meinung über ein bestimmtes Thema zu bilden, liegt den meisten fern. Nach der Wahrheit zu suchen noch mehr. Die meisten wollen die Wahrheit gar nicht erkennen, denn es würde ihre Illusion zerstören.

Wie oft gebrauchen wir selbst das Wort „Glauben" bei den Alltäglichkeiten des Lebens?

„Ich glaube, ich steh jetzt auf" .... „ich glaube, heute wird ein schöner Tag"... „ich glaube, das Essen ist jetzt fertig" ... „ich glaube, ich gehe jetzt schlafen"...

Es gibt unzählige Beispiele dafür, wie oft wir das Wort *„glauben – glaube"* benutzen, und natürlich glauben wir vor allem unserem Umfeld, das was uns erzählt wird.

„Glaube heißt nicht Wissen (Nichtwissen)"

Es ist notwendig, Glaube und Wissen unterscheiden zu können. Glauben bedeutet nichts anderes als Vermuten. Wissen ist das Bewusstsein von Fakten. Zwar kann der Inhalt von Wissen wahr oder falsch sein, aber kann zur wahren Erkenntnis führen. Sind wir bereit, unser „Glauben" in „Wissen" umzuwandeln, wird es uns möglich sein, durch unsere neue Erkenntnis beschränkte und vorherrschende Weltbilder aus einem anderen Blickwinkel zu betrachten. Daraus ergeben sich neue Möglichkeiten für unser Leben.

**

Ich will unter keinen Umständen ein Allerweltsmensch sein.

Ich habe ein Recht darauf, aus dem Rahmen zu fallen – wenn ich es kann.

Ich wünsche mir Chancen, nicht Sicherheiten.

Ich will kein ausgehaltener Bürger sein, gedemütigt und abgestumpft, weil der Staat für mich sorgt.

Ich will dem Risiko begegnen, mich nach etwas sehnen und es verwirklichen, Schiffbruch erleiden und Erfolg haben.

Ich lehne es ab, mir den eigenen Antrieb mit einem Trinkgeld abkaufen zu lassen.

Lieber will ich den Schwierigkeiten des Lebens entgegentreten, als ein gesichertes Dasein zu führen; lieber die entspannte Erregung des eigenen Erfolgs als die dumpfe Ruhe Utopiens.

Ich will weder meine Freiheit gegen Wohltaten hergeben noch meine Menschenwürde gegen milde Gaben.

Ich habe gelernt, selbst für mich zu denken und zu handeln, der Welt gerade ins Gesicht zu sehen und zu bekennen:

Dies ist mein Werk. Das alles ist gemeint, wenn

ich sage: Ich bin ein freier Mensch.

(Albert Schweitzer)

**

(Bild 36: Liebeisstleben.net)

Da unser Wissen in keinster Weise begrenzt ist, wird es uns auch immer möglich sein, über unsere Grenzen hinauszugehen. Voraussetzung dafür ist ein Freier Wille und die Standhaftigkeit sich nicht mehr begrenzen zu lassen. Das uns beigebrachte Wissen sollte von uns immer hinterfragt werden: *„Was ist als „wahr" erwiesen? ... Was sind Fakten? ... Was sind nur Interpretationen?" „Wage zu wissen! Habe den Mut, dich deines eigenen Verstandes zu bedienen!"*

Alles um uns herum ist ein Wunder der Schöpfung.

Die Erkenntnis, dass Wissen abhängig vom Bewusstsein ist, führt uns zu spirituellem Wissen, durch Hingabe zur Wahrheit. Auf diese Weise erhaltenes Wissen eröffnet uns die Erkenntnis, dass alles Leben um uns herum spirituelle Seelen sind und hält uns davon ab, in das alte Schema der Illusionen zurückzufallen. An das Göttliche glauben die allein, die es selbst sind.

Kapitel 15

Negatives Denken

die Beeinflussung unserer Gesundheit

***

(Bild 37: Canva.com)

Negative Energien können so tief in uns festsitzen, dass diese, ohne dass wir es merken, bleiben. Da wir alle den Spruch kennen: „Gleiches zieht Gleiches an" ist es eben auch so, dass positive Menschen Positives anziehen und negative Menschen Negatives.

Negatives Denken hat nichts mit Realitätssinn zu tun, eher mit Pessimismus. Und der vergiftet unsere Seele. Ist unsere Seele vergiftet werden wir krank. Bei vielen von uns ist die Negativität so tief verwurzelt, dass wir es selbst nicht merken. Schwarzmalerei, was alles nicht möglich ist und der Verlust unserer Träume prägen uns. Wir meckern täglich, diskutieren über schlechtes in der Welt, schimpfen übers Wetter, den Verkehr, die Wirtschaft.

Wir reden nur über Negatives, das sind unsere täglichen Gesprächsthemen. Und besonders halten wir uns auf bei Krankheitsgeschichten der anderen, kommentieren dazu, dass wir das auch kennen oder haben. In Gesprächsrunden ab einem gewissen Alter, dreht sich alles nur noch um Krankheiten, so als ob es keine anderen Themen gäbe. Mir ist das schon als Kind aufgefallen, wenn die Eltern Tanten, Onkels und Omas zusammensaßen.

Bei den Themen über Krankheiten blühten sie regelrecht auf. Auffallend war mir besonders, dass es keine oder kaum, schöne und freundliche Themen gab, über die gesprochen wurde. Ich fühlte mich in diesen Situationen immer sehr unwohl. Es war zu beobachten, dass sich bei diesen Menschen komischerweise auch immer mehr Krankheiten einstellten – sie bekamen die Krankheiten früher oder später, worüber sie bereits gesprochen haben. Das ist alles verständlich nach dem Gesetz der Resonanz. Wir ziehen unbewusst genau das in unser Leben, mit dem wir uns ständig befassen.

Alles was du beachtest verstärkt sich und jeder ist seines Glückes Schmied.

Positives Denken und Dankbarkeit für das was wir haben, für das was uns Gutes geschieht ist der Schlüssel zur Freude Glück und Gesundheit.

Wenn wir nicht mehr auf negative Äußerungen oder Gespräche anderer eingehen, wird sich in uns etwas Grundlegendes ändern. Natürlich bedeutet das ein ständiges *„an uns arbeiten"*, da wir zu vielen negativen Einflüssen ausgesetzt sind.

Aber genau das sollten wir zu unserer täglichen Aufgabe machen. Fühlen wir uns allerdings wohl in unserer Opferrolle, bekommen wir dadurch auch genügend Aufmerksamkeit von unserem negativen Umfeld. Jeder sollte mal genau aufpassen, auf was seine Mitmenschen besser ansprechen.

Berichten wir von positiven Erfahrungen oder Erlebnissen, dann wird sich nicht ehrlich mit uns gefreut und schnell vom positiven Thema abgelenkt, hin zum negativen, wo dann so richtig darauf eingegangen wird. Von solchen Menschen sollten wir uns abwenden, da diese uns runterziehen und wir negative Energien aufnehmen.

Bleiben wir positiv, werden wir positive Menschen in unser Leben ziehen.

Es wird sich ein komplett anderes Lebensgefühl einstellen, was uns enorme Kraft und Energie geben wird.

Wir werden regelrecht aufblühen, zur Liebe finden, und unserer Gesundheit steht nichts mehr im Wege.

Positiven Menschen gelingt alles besser und es scheint, dass sie immer das bekommen, was sie wollen. Und wenn dem mal nicht so ist, sind sie trotzdem lebensfroh und genießen ihr Leben. Sie stellen einfach die positiven Erlebnisse über ihre negativen Erfahrungen und halten sich nicht am Negativen fest. Es ist wichtig, uns freizumachen von negativen Gedanken und negativen Einflüssen.

Negative Gedanken durch positive ersetzen. Die Schuld für Schlechtes nicht auf andere schieben, sondern bei sich selbst suchen und dankbar für diese Erfahrung sein, denn das bringt uns immer ein Stück weiter im Leben.

Wichtig ist auch die Vergangenheit zu überwinden und nicht daran festzuhalten, im Hier und Jetzt zu leben, wieder das Träumen zu lernen, das schöne Ausmalen von unserer Zukunft und dabei tiefe Freude empfinden.

Wenn uns das gelingt, werden positive Energien durch Menschen, Dinge und Situationen magnetisch von uns angezogen werden. Das bringt Liebe, Glück, innere Zufriedenheit und Gesundheit in unser Leben. Das gilt es dann zu genießen und dankbar zu sein.

Kapitel 16

Dankbarkeit und Liebe – der Weg zum persönlichen Glück

***

(Bild 38: Canva.com)

Liebe und Dankbarkeit sind mächtige Worte.

Wer entsprechend in Liebe und Dankbarkeit handelt wird Wunder erleben.

Was bewirkt und hinterlässt unser Dasein?

Es ist schwer sich dankbar zu fühlen. Dankbarkeit und Liebe zu zeigen oder sie auszusprechen ist noch schwerer.

Was ist Dankbarkeit?

- Dankbarkeit ist ein Gefühl der Anerkennung
- Dankbarkeit ist die Energiequelle für innere Stärke
- Dankbarkeit ist ein Gefühl des Staunens und der Feier des Lebens
- Dankbarkeit ist ein Gefühl der Zufriedenheit und der Wertschätzung
- Dankbarkeit ist ein warmes freundliches Gefühl
- Dankbarkeit ist ein Gefühl von Freundlichkeit und des Wohlwollens
- Dankbarkeit ist das Zeichen eines erhabenen Charakters
- Dankbarkeit ist eine Ehrung des Herzens
- Dankbarkeit ist eine Tugend
- Dankbarkeit ist eine Lebenshaltung

Wenn uns Bewusst wird, für was wir dankbar sind und für was wir dankbar sein können, dann macht sich ein tiefes Gefühl der Freude, der inneren Zufriedenheit und des Glücks in uns breit. Es erfüllt uns mit tiefer Befriedigung. Wer die Dankbarkeit zum Ausgangspunkt seines Lebens macht, wird erleben, dass sich das Leben verändert.

Dankbarkeit und Liebe führt zu unsterblicher Glückseligkeit

Undankbare Menschen sind unzufriedene Menschen und bemitleidenswerte Jammergeschöpfe in dieser Welt, wovon es immer noch mehr als genug gibt, die leider noch unfähig sind Liebe zu geben, noch unfähig sind Liebe zu empfinden, noch unfähig sind Liebe zu empfangen. Unzufriedenheit wird ausgelöst, durch Streben nach MEHR, nicht dankbar für das Sein und nicht dankbar für das was man bereits hat. Gelassenheit wird zerstört. Ein inneres Dankbarkeitsgefühl gepaart mit Liebe hilft das Grundgefühl für innere Gelassenheit zu erzeugen. Dankbarkeit in Liebe erzeugt Bewusstsein, was einem in der Vergangenheit zugestoßen sind.

Dankbarkeit und Liebe ist der Königsweg zum Glück

Dankbarkeit in Liebe ist der beste und auch der edelste Weg, um zu mehr Glück und Zufriedenheit zu gelangen. Dankbarkeit in Liebe macht uns glücklich und gesund. Dankbarkeit in Liebe ist eine Liebeserklärung an das Leben. Dankbare Menschen lieben!

Sie zeigen die Liebe und haben mehr Motivation, sie versprühen mehr Optimismus, selbst die Gesundheitswerte verbessern sich und die Immunabwehr wird gestärkt, sie sind weniger anfällig für Stress.

(Bild 39: Canva.com)

Dankbare liebende Menschen sind hilfreiche Menschen. Die Freude über das Gute was uns widerfährt, motiviert uns selbst Gutes zu tun. Deshalb ist es wichtig, regelmäßig dankbare, liebende Gedanken zu haben, denn dankbare, liebende Menschen sind glücklicher und zufriedener.

Dankbarkeit ist ein positives, ehrliches Gefühl, wenn es denn vom Herzen kommt, tief aus unserem Inneren, ein befreiendes, beruhigendes Gefühl. Ein liebendes Gefühl!

Dankbarkeit in Liebe bewirkt einen Anstieg der Lebenszufriedenheit, mehr Geduld, weckt Sympathien und kann Beziehungen stärken.

Dankbarkeit in Liebe bringt Erfolg.

Schon Goethe sagte,

„dass er nie gesehen habe, dass tüchtige Menschen undankbar gewesen wären."

Nicht diejenigen die viel hatten waren die Erfolgreichen, sondern die Dankbaren.

Dankbarkeit annehmen können, sich freuen, mit einem Lächeln, dankbar sein fürs Leben, dankbar sein für die Liebe.

Dankbarkeit in Liebe – der Schlüssel zu einem erfüllten Leben.

Dankbarkeit in Liebe ist eine der wirksamsten Methoden, seine inneren Kräfte zu mobilisieren. Es geht um das Bewusstsein, wie gut es das Leben mit uns meint, wie glücklich wir uns schätzen können.

(Bild 40: Liebeisstleben.net)

Dankbarkeit in Liebe ist eine Orientierung auf das Gute im Leben.

Wir können für das Schöne und angenehme im Leben immer dankbar sein, egal wie viel Schwierigkeiten und Schmerz wir gerade durchgemacht haben. Das setzt allerdings immer voraus, sich auf das Hier und Jetzt zu konzentrieren, auf das was ist. Dankbarkeit in Liebe verhindert und heilt negative Gefühle.

Dankbar sein für das was man erreicht hat, für das Leben, welches man führt, sich den Wert des Lebens bewusst zu werden. Bereits den Morgen mit Dank in Liebe beginnen, Tag für Tag, ehrlich und vom Herzen aus. Den Tag am Abend mit dankbarem, positivem Rückblick beenden.

Wer mit dieser Haltung der Dankbarkeit in Liebe auf den vergangenen Tag schaut, macht es zu seiner Quelle der Freude und positiver Stimmung. Sich über Kleinigkeiten des Lebens freuen und danken – damit wird die Wirkung verstärkt. Jeder sollte in Liebe dankbar für sein Leben sein. Dieses Leben ist etwas so Großes und etwas so Wunderbares, dass es uns immer wieder aufs Neue veranlassen sollte immerwährende liebende Dankbarkeit in uns zu tragen und diese auszusenden.

Danke sagen für alles was man hat, für alles, was man bekommt, und für alles, was man noch bekommen wird. Besonders sollte man danken für alles was man ist und was man noch sein wird.

Wir werden dann auch immer wieder erfreut feststellen, dass es gerade die Dankbarkeit in Liebe ist, durch die das Allerbeste angezogen wird. Je mehr man für das Gute und Schöne dankbar ist, umso mehr bekommt man Gutes und Schönes in seinem Leben präsentiert.

Dankbarkeit in Liebe ist ein wirksames Gegengift negativer Gefühle, wie Neid, Zorn, Ärger, Feindseligkeit oder Sorge. Deswegen ist es für jeden wichtig im Alltag immer wieder Gelegenheiten für das Gefühl der Dankbarkeit zu finden.

Dankbarkeit zu fühlen und sie nicht auszudrücken, ist wie ein Geschenk zu verpacken und es nicht zu verschenken.

(William Arthur Ward)

***

Es lohnt sich Dankbarkeit zu äußern und zu zeigen.

- *Dankbarkeit in Liebe zu sich selbst ist der erste Schritt, Energie sammeln und Kraft schöpfen – Auftanken!*
- *Dankbarkeit in Liebe gegenüber den Menschen, die wir lieben, die wir schätzen, die wir täglich um uns haben – es ihnen sagen, sie umarmen mit Liebe und Dankbarkeit.*
- *Dankbarkeit allen Lebewesen gegenüber, die genau wie wir geschaffen wurden!*
- *Dankbarkeit den kleinen Dingen des Lebens gegenüber die uns täglich begegnen und widerfahren. Liebe und Dankbarkeit!*
- *Dankbarkeit und Liebe ist einer der Hauptschlüssel um wirklich glücklich zu sein, um Liebe in sein eigenes Leben zu ziehen.*
- *Dankbare, liebende Menschen sind glücklicher und zufriedener und es bieten sich ihnen mehr Möglichkeiten, auch mit auftretenden Schwierigkeiten besser umgehen zu können.*
- *Dankbarkeit in Liebe holt Liebe und noch mehr Liebe in unser Leben.*

Tief empfundene Dankbarkeit ist der sicherste Weg der Freude und somit der Schlüssel zur Liebe. Wenn das Herz mit Liebe erfüllt ist, bedeuten uns die Menschen um uns herum mehr und man hat dementsprechend auch mehr Verständnis und trägt Güte in sich. Die größte Kraft des Lebens ist die Dankbarkeit mit Liebe. Das Leben erhält neue Dimensionen, durch welche man lernt, sein Leben bewusster zu leben.

Dankbarkeit und Liebe gehören zusammen!

Lernt dankbar zu sein!

Kapitel 17

Unser Bewusstsein vom Glück

und Glücklichsein

***

(Bild 41: Liebeisstleben.net)

Wir alle sehnen uns nach Glück und Zufriedenheit im Leben, wobei Glück eine andere Bedeutung hat als Zufriedenheit. Unser Leben ist immer wieder geprägt von Schattenseiten. Es sind die Hochs und die Tiefs, welche unsere ständigen Begleiter sind.

Die großen und kleinen Glücksgefühle und die Fähigkeit Zufriedenheit ganz bewusst erleben zu können sind es, was unsere Lebensqualität ausmacht und uns in positive Stimmung versetzt.

***

„Das Glück muss entlang der Straße gefunden werden,

nicht am Ende des Wegs."

(David Dunn)

***

Wer glücklich ist, der ist gesund, weil es zum seelischen Wohlbefinden beiträgt und vor Krankheiten schützt.

***

„Es gibt keinen Weg zum Glück - glücklich-sein ist der Weg"

(Buddha)

***

Viele von uns warten auf bedeutungsvolle Ereignisse im Leben,
welche uns das Glück bringen, auf das wir so lange gewartet haben – nachdem wir so lange gesucht haben. Für die meisten ist
es das Geld, was sie glücklich zu machen scheint. Aber Geld
verhilft nur für eine gewisse Zeit zum vermeintlichen Glück,

nämlich dann, wenn man vorher wenig oder nichts davon hatte, und man nicht plötzlich mehr als nur seine Grundbedürfnisse befriedigen kann. Kommt man über die Befriedigung seiner Grundbedürfnisse hinaus, flacht das Glücksgefühl ab, da das Streben nach „Mehr" den Vorrang gewinnt. Mehr Geld, mehr materielle Güter, mehr Luxus.

Der Grund warum Menschen mit dem Streben nach mehr Reichtum und mehr Luxus unglücklich sind, ist die Vereinsamung derer, da für sie die Zeit und die Wichtigkeit für persönliche Kontakte in Vergessenheit gerät. Die innerliche Leere wird immer größer, ohne sich dem wirklichen Grund dafür bewusst zu sein.

✳✳✳

„Blicke abwärts, um die Wurzeln zu entdecken.

Blicke aufwärts, um die Sterne zu sehen.

Blicke vorwärts, um das Glück zu finden. "

(Allure)

✳✳✳

Natürlich ist es so, dass jeder Mensch Glück für sich anders definiert und für jeden Glück eine andere Bedeutung hat. Es sind oft die kleinen Dinge im Leben, die uns glückliche Momente bescheren, wenn wir sie denn auch wahrnehmen. Die Frage ist aber doch, was macht uns dauerhaft glücklich und bringt uns Erfüllung?

„Fließen des Glücksgefühls trifft ein bei:

Überschreitung bisheriger Grenzen,

Mut zum Risiko,

Wachstum Erleben von etwas Neuem,

Erreichen eines Zieles,

Verfolgen eigener Interessen Wahrnehmen von Schönheit,

Verschmelzen mit der Natur und Lieben. "

(Günter Jursch)

***

Glücksmomente als diese zu erkennen, sie zuzulassen, sie ganz tief in uns zu spüren, sie mit einem Lächeln annehmen und zu danken für diesen Moment, ist ein erster Schritt. Wie immer ist die Voraussetzung für das „Zulassen", dass wir über genügend Selbstliebe verfügen (immer wieder kommen wir auf die Selbstliebe).

Mögen wir uns selbst nicht, wie können wir dann tiefes Glück in uns aufnehmen? Können wir es nicht aufnehmen, können wir es auch nicht weitergeben.

Denn das Aussenden des Glücks ist wichtig für uns, damit es wieder zu uns zurückkehren kann.

***

„Deine erste Pflicht ist, dich selbst glücklich zu machen.

Bist du glücklich, so machst du auch andere glücklich."

(Ludwig, Andreas Feuerbach)

***

Es ist wie mit der Liebe. Erst wer sich selbst liebt, kann Liebe geben und dann auch Liebe empfangen. Die Basis des Glücks ist die Liebe! Denn es ist die Liebe, die es vermag, uns Glück zu bescheren in allen erdenklichen Bereichen und es ist die Liebe, die uns alles ermöglicht. Denn ohne Liebe können wir auch die kleinen Momente im Leben nicht genießen, sie nicht in uns aufnehmen und somit auch keine Glücksgefühle zulassen. Wir dürfen und sollten immer unserem Herzen folgen, dann werden wir erkennen, dass das Glück uns folgt. Denn es ist unser Herz und nicht unser Verstand welches vermag uns glücklich zu machen.

***

„Die Liebe gibt uns Menschen die Fähigkeit zum

Glücklichsein zurück"

(Martin Wertsch)

„Der Schlüssel zum Glück ist loslassen zu lernen"

(Buddha)

***

(Bild 42: Pixabay.com)

***

Indem man loslässt, geschieht alles wie von selbst.

Die Welt wird gemeistert von jenen, die loslassen.

Sei dankbar, bleib du selbst, hab keine Angst, glaube an die

Liebe, mach dir keine Sorgen, genieße den Augenblick und

umgibt dich mit Menschen die dir gut tun.

(Elmar Rassi)

***

Kapitel 18

Verständnis und Einfühlungsvermögen

***

(Bild 43: Canva.com)

Stell dir vor, du bist sauer auf deinen Partner – und du kannst es so ausdrücken, dass er es versteht, ohne sich angegriffen zu fühlen. Oder – deine Partnerin macht dir einen Vorwurf – und du verstehst, was sie braucht, anstatt gekränkt zu sein. Schon ein paar Bewegungen, Gesten, ein bestimmter Gesichtsausdruck reichen, um sein Gegenüber zu verstehen. "Die Geheim-Sprache des Körpers zu verstehen kann jeder lernen", sagt Bestseller-Autorin Vera F. Birkenbihl.

Wer sich mit den körpersprachlichen Signalen befasst, wird mehr Einfühlungsvermögen und Verständnis für die Situation anderer entwickeln; zugleich wird er auch sich selbst, sein eigenes Denken und Handeln besser verstehen. Der Mensch besitzt die großartige Fähigkeit, sich in den anderen hineinfühlen zu können. Wir alle haben die Fähigkeit und die Intuition zu fühlen und den anderen zu verstehen. Der Reichtum einer Liebe zeigt sich auch im Einfühlungsvermögen. Den anderen intuitiv zu verstehen, erleichtert uns vieles. Mit innerer Liebe erstmal eine, Herz zu Herz Verbindung aufbauen, damit innere Nähe zu seinem Gegenüber zustande kommen kann. Versuche dich selbst besser kennenzulernen, um dann dein Einfühlungsvermögen anderen gegenüber besser kennenlernen zu können!

Lerne ein sogenanntes Feingefühl zu entwickeln, begib dich in die Bereitschaft Gedanken, Emotionen, Motive und Persönlichkeitsmerkmale eines anderen Menschen bewusst wahrzunehmen, um zu erkennen und um zu verstehen. Einfühlungsvermögen ist auch gleichzusetzen mit Zartgefühl, Einfühlungsgabe, Gespür, Behutsamkeit, Sensibilität, Empfinden oder Fingerspitzengefühl. Es bedeutet, offen zu sein für und gegenüber dem anderen. Wie es Goethe nannte.

✳✳✳

"Herzensbildung – das ist nichts anderes als eine Begabung

mit den eigenen und fremden Empfindungen".

(Vera Birkenbihl)

✳✳✳

Verständnis bedeutet:

- *Akzeptieren der Meinung anderer, ohne diese zwangsläufig für gut halten zu müssen.*
- *Den anderen gut zuhören lernen und auf ihn eingehen.*
- *Seinem Gegenüber das Gefühl geben, ernst genommen zu werden.*
- *Ihm das Gefühl geben, ihn zu verstehen und das was er sagt, gut einordnen zu können.*
- *Man muss nicht der gleichen Meinung sein, aber einfach des Anderen Meinung akzeptieren.*
- *Sichtweise und Gefühle anderer nachvollziehen können.*

Die Leistungsbereitschaft wird dadurch entwickelt und die Begeisterung für bestimmte Sachen erhöht. Wer darüber verfügt, kann sich in entsprechenden Lebenslagen den Anforderungen leichter stellen und lernt besser damit umzugehen.

Menschen, die für die Gedanken und Gefühle anderer unempfänglich sind, werden als kalt und sozial inkompetent empfunden, während Menschen, die auf ihre Mitmenschen eingehen können, werden als sympathisch empfunden.

Wenn man sich in den anderen Menschen, in dessen Gefühlsleben und Gedankenwelt hineinzuversetzen vermag, bedeutet das nicht, dass man dessen Sichtweise einnimmt, sondern lediglich versucht und sich bemüht des anderen seine Beweggründe, Handlungen oder Erfahrungen zu verstehen.

Verständnis und Einfühlungsvermögen kann dazu beitragen, Konflikte zu vermeiden oder deren mögliche Eskalation verhindern. Es hilft, Probleme anderer zu verstehen.

Es sind intelligente Menschen mit Intuition, welche auch eine Beziehung zur Natur haben, die es vermögen, mit gesundem Menschenverstand und Einfühlungsvermögen, einen respektvollen und liebevollen Umgang zu ihren Mitmenschen zu schaffen und pflegen zu können. Diese Menschen gehen auch sehr selektiv mit Informationen um, bevor sie diese in ihr Gehirn lassen.

Allem voran steht wieder die Liebe, derer es bedarf, Verständnis und Einfühlungsvermögen für sich und andere zu entwickeln und dieses als festen Bestandteil in seinem Leben zu manifestieren.

Kapitel 19

Dein Lächeln – Die Sympathie deiner eigenen Persönlichkeit – Der Schlüssel zum Herzen

***

(Bild 44: canva.com)

- Lächeln hat Macht und trägt dazu bei, unsere positiven Gefühle zu verstärken und unseren eigenen Gemütszustand zu ändern.
- Ein Lächeln wirkt nicht nur Wunder, es ist auch in der Lage Wunder zu vollbringen.

- Lächeln signalisiert anderen Sympathie und Wohlwollen, denn jeder möchte als Mensch wahrgenommen werden und eine sympathische Mitwelt erleben.

„Lächle – und die Welt verändert sich!"

Es ist ein Lächeln, über das wir alle verfügen, was eine erste Verbindung zu unseren Mitmenschen ermöglicht, denn es ist eine angeborene Verhaltensweise, welche uns dazu befähigt uns mit völlig Unbekanntem anzufreunden. Lächeln wurde uns allen von Geburt an als Natürlichkeit mit in die Wiege gelegt und sollte ein ständiger Begleiter auf dem Weg durch unser Leben sein. Lächeln ist die Sonne der Seele.

**Schenk ein Lächeln, schenk ein Lachen
und das Leben lacht mit dir!**

Schaut man einem Menschen ins Gesicht und dieser beginnt zu lächeln, so verändert sich nicht nur das gesamte Antlitz, sondern die ganze Ausstrahlung.

✳✳✳

Lächeln hat Macht!

Lächeln entwaffnet!

Lächeln ist ein Ausdruck der Freude!

Lächeln ist ein Ausdruck des guten Willens!

Lächeln ist Ausdruck von Freundlichkeit!

Lächeln ist Liebe!

Lächeln ist ein Sympathieträger und baut Sympathie auf!

Lächeln gibt unserer Seele Licht und Wärme!

Lächeln ist Freude!

Lächeln ist ein stilles Kompliment!

Lächeln macht uns selbst und andere glücklich!

Lächeln ist ansteckend!

Der kürzeste Weg zwischen zwei Menschen ist ein Lächeln!"

(chinesisches Sprichwort.)

***

Kein Medikament vermag es ein Lächeln zu ersetzen. Geplagt von Alltagssorgen wird es in der heutigen Zeit immer schwieriger zu lächeln. Viele haben es verlernt.

Sehen wir uns doch mal um, achten wir mal ganz bewusst auf unsere Mitmenschen. Was sehen wir? Wir werden mit Erschrecken feststellen, dass uns kaum lächelnde Gesichter begegnen. Wir blicken in unfreundliche, ernste, abgehetzte und leere Gesichter, die um sich herum nichts mehr wahrnehmen. Das sind Gesichter ohne Lächeln und ohne Liebe.

Wenn wir Liebe in uns tragen, verfügen wir über ein ehrliches Lächeln was tief aus unserem Innersten kommt und es spiegelt sich in unseren Augen wider. Wenn wir unsere Augen lächeln lassen, wirken wir auf andere nicht nur sympathisch, es streichelt unsere und des anderen seine Seele.

(Bild 45: pixabay.com)

Ein sehr beeindruckendes Erlebnis, an das ich mich gerne zurück erinnere, war, als ich vor Jahren eines Tages an der Kasse im Supermarkt stand. Ich selbst vertieft in meinen Routineablauf, spürte etwas, was mich aufblicken ließ: Ich sah in das Gesicht einer älteren Frau an der Kasse gegenüber, welche mich „anstarrte"...ich blickte in ihr Gesicht und sie lächelte mich an. Es war ein besonderes Lächeln.

Ein Lächeln was in mir ein beruhigendes warmes und wohliges Gefühl erzeugte. Unsere Blicke hielten sich ganz untypisch für mehrere Sekunden fest. Sie hörte nicht auf mich anzulächeln und es bewirkte in mir eine plötzlich einsetzende innerliche Ruhe und ich konnte nicht anders, als zurückzulächeln. Mein Lächeln zurück war aber kein flüchtiges, sondern auch ein tiefes ehrliches und vor allem ein mit Dank erfülltes Lächeln. Mir wurde damals in jenem Moment bewusst, dass mich diese Dame aus meiner momentanen „*Hamsterrad-Situation*" herausgerissen hat. Beeindruckend!

Ein mir völlig fremder Mensch, mit einem ehrlich, wohlwollenden Lächeln, hatte etwas bewirkt, was mir sofort Bewusstsein vermittelte. Und dafür war ich in diesem Augenblick sehr dankbar! Ich war also dieser Dame dankbar und ich bin auch heute, für solche Momente in meinem Leben dankbar, denn diese Momente sind es, die mir bewusst machen, mit offenen Augen und offenen Herzen durchs Leben zu gehen und nicht den Alltagstrott über mich bestimmen zu lassen. Wenn ich jetzt an diese Dame denke, sehe ich sofort ihr freundliches, ehrliches, warmes Lächeln. Das hat sich mir so eingeprägt, dass ich diesen Moment nie vergessen werde, denn es hat meine Seele berührt.

Nur ein Lächeln kann ein Lächeln erwidern

Lächeln hilft unsere Gemütsverfassung zu ändern und verstärkt somit positive Gefühle. Es ist ein Lächeln, was unsere eigene Welt und die Welt um uns herum verändert! Es verhilft uns zu mehr Gelassenheit und Rücksichtnahme und trägt dazu bei, unseren Alltag besser bewältigen zu können.

✳✳✳

„Jeder Tag, an dem du nicht lächelst, ist ein verlorener Tag"

(Charlie Chaplin)

✳✳✳

Auch wenn es uns manchmal schwerfällt, ein ehrliches Lächeln in uns zu finden oder wir das *„vom Herzen kommende Lächeln"* verlernt haben, dürfen und sollten wir uns bemühen, unser inneres, ehrliches Lächeln wieder zu finden. Ein Lächeln schenken, das kann doch nun wirklich jeder! Wenn wir jeden Tag mit dem morgendlichen Blick in den Spiegel mit einem Lächeln beginnen, Menschen, die uns begegnen mit einem freundlichen Lächeln begrüßen, wird unser Tag ganz anders verlaufen, wird uns Kraft geben und wir werden positive Erfahrungen machen.

Wir sollten niemals die Macht eines ehrlichen Lächelns

unterschätzen und uns selbst und unseren

Mitmenschen mit Freude, Liebe,

Freundlichkeit und einem strahlenden Lächeln begegnen.

Bedenke:

Das Lächeln, das du aussendest, kehrt zu dir zurück

als Glück!

Kapitel 20

Die Unterdrückung der Liebe
durch das Hamsterrad

***

(Bild 46: Liebeisstleben.net)

*Wir alle sollen im Alltag, allgemein als "Hamsterrad" bezeich-
net, gut funktionieren und uns in die Gesellschaft integrieren –
doch dabei bleiben unsere Bedürfnisse und unser Seelenleben
nicht nur oftmals, sondern fast stetig auf der Strecke.*

Grundsätzliche Fragen rücken dabei ins Bewusstsein, die den
bisherigen Lebensstil in Frage stellen können. Nur wer sich dem
eigenen "Ich" stellt, das "Ich-Bewusstsein" stärkt und lernt, sich
als eigenständiges Individuum zu betrachten, dem ist es möglich, ein selbstbestimmtes, freies und harmonisches Leben zu

führen. Das Hamsterrad, in dem sich der Großteil der Menschen befinden, bedingt durch die täglichen Einflüsse, durch die tägliche Routine, der wir ausgesetzt sind, in welcher wir uns nicht wohl fühlen, nicht glücklich fühlen, lässt die Liebe in uns abstumpfen und am Ende ist die Liebe abgetötet.

Das Hamsterrad – sehr passend und treffend beschreibt es auch der Wiener Markus Cerenak (markuscerenak.com)

Wir neigen dazu, uns zu viel von unserem Umfeld beeinflussen zu lassen, von dem was wir tun, was wir glauben, tun zu müssen. Wir verrichten täglich einen ungeliebten Job, weil wir das doch machen müssen, weil es normal ist, weil wir doch Geld verdienen müssen…

Ein Hamsterrad, aus dem es keinen Ausweg zu geben scheint. Das hat zur Folge, dass wir immer abgestumpfter werden, die Fröhlichkeit verloren geht, die Liebe, die wir einst gespürt haben verschwindet, weil wir eben deshalb auch keine Zeit mehr dafür verwenden, die Liebe in uns zu spüren. Wir sind zu eingespannt in unseren Alltag, der uns nicht glücklich zu machen scheint, der aber wohl normal ist, denn es ist doch normal…das ist doch das Leben. So wurden wir auf das Leben schon als Kind vorbereitet, so wurde es uns immer wieder eingeredet und so wurde es uns vorgelebt – und somit zieht sich das eben auch durch unser Leben. Wir verlieren den Blick für das Wesentliche, für das Wichtige im Leben, für das, was das Leben ausmacht, was es lebenswert macht. Bereits wenn unsere Kinder den Kindergarten verlassen und die Schulzeit beginnt, müssen sie sich immer wieder den Spruch anhören: *„Schule – jetzt beginnt der Ernst des Lebens. Jetzt ist die schöne Zeit vorbei"*. Wer kennt diesen Spruch nicht?

Wer kann sich nicht an diese oder ähnliche Sprüche aus seiner Kindheit erinnern? Die Kinder begeben sich ins Hamsterrad und werden geprägt um ihre Intuition, ihre Fantasie, ihren Selbstwert und ihren freien Willen zu verlieren.

(Bild 47: canva.com)

Aller Anfang ist die Liebe!

Haben wir es dann endlich mal geschafft, oder einige von uns, ein anderes Bewusstsein zu entwickeln und im günstigsten Fall dem Hamsterrad für Momente zu entfliehen, oder sogar geschafft das Hamsterrad zu verlassen, findet ein weiterer Prozess in uns statt.

Sollten wir es geschafft haben, uns selbst zu lieben, uns selbst wichtig zu sein, Liebe zu empfinden, Liebe zu geben und Liebe zu empfangen, besteht immer noch die Gefahr, dass man ins Hamsterrad zurückfällt.

Das hat dann zur Folge, dass man beginnt erst innerlich abzukühlen, dann abzustumpfen und plötzlich keine Freude und auch keine Liebe mehr in sich selbst zu spüren. Spürt man sie nicht mehr, kann man keine Liebe mehr geben und somit auch keine Liebe mehr empfangen. Das verletzt nicht nur uns selbst, sondern auch andere in unserem Umfeld, wenn sie unsere Liebe nicht mehr spüren.

Aus Angst vor weiteren Verletzungen, wird die *„Schublade"* aufgemacht und die Liebe darin eingepackt und verschlossen. Bei Bedarf kann man die Schublade ja wieder öffnen und die Liebe rausholen…das mag vielleicht anfangs noch funktionieren, doch je öfter dies der Fall ist, lässt sich diese Schublade irgendwann nicht mehr öffnen oder nur noch bedingt.

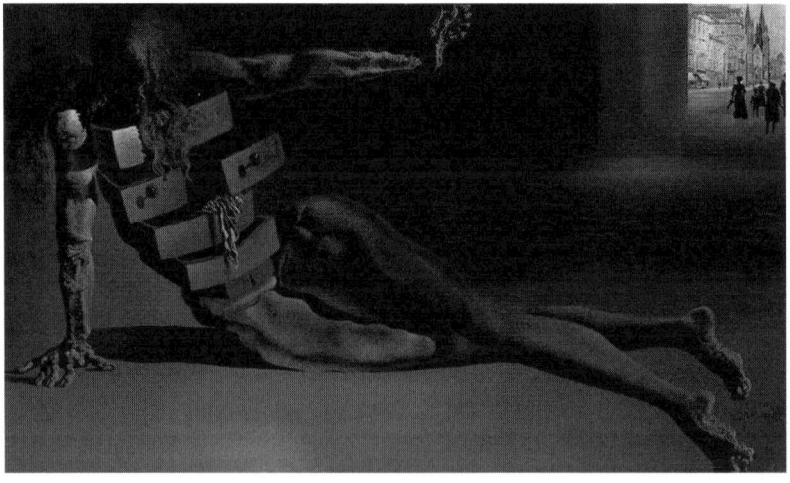

(Bild 48: pixabay.com)

Es bedarf viel Mühe, diese Liebe wieder auf zu bauen und wenn es denn überhaupt noch möglich ist, da anzuknüpfen, wo man die Liebe auf „Eis" gelegt hat.

Wer dieses Hamsterrad-Leben nicht über seine Liebe, sein Leben stellen will, sollte gründlich nachdenken, ob es das wert ist, nur für Geld, Konsum, Anerkennung, aus Bequemlichkeit oder äußeren Zwängen, auf die Liebe zu verzichten. Ob es das wert ist, sich von außen beeinflussen zu lassen und gegen sein Inneres zu handeln. Denn man merkt immer erst zu spät, was man verloren hat - wenn man es verloren hat.

***

Die Liebe ist das Leben.

Die Liebe vermag Wunder zu vollbringen.

Man muss nur bereit sein dafür.

(Allure)

***

Kapitel 21

Die Finsternis im Herzen

***

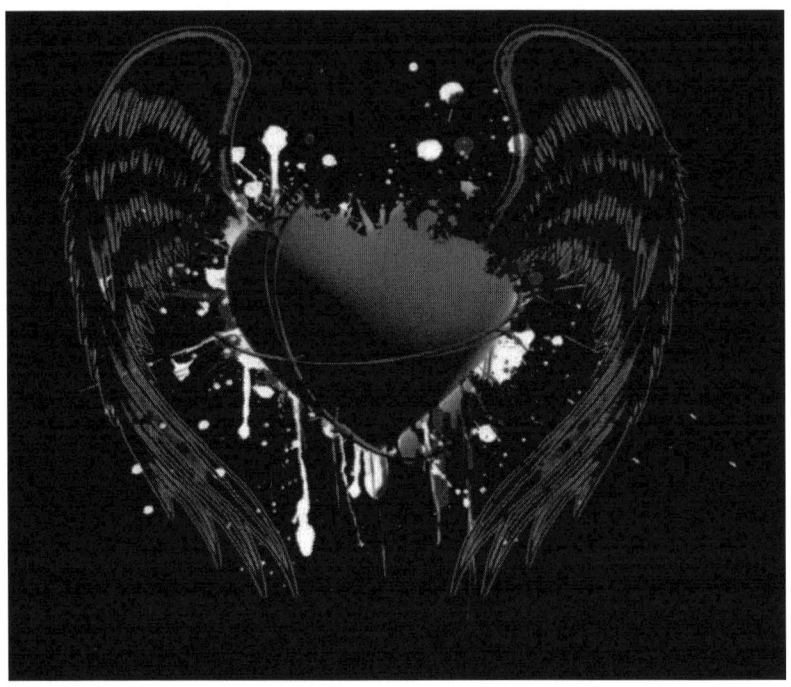

(Bild 49: Liebeisstleben.net)

Menschen, von denen wir glaubten, sie hätten unser Vertrauen verdient, haben uns enttäuscht. Um das Vertrauen nicht wieder zu verlieren, braucht es eine gesunde Basis, eine starke Fähigkeit zu unterscheiden – und diese wird früh im Leben angelegt.

Tatsächlich gibt es genetische Faktoren, die zur Folge haben können, dass wir schon mit einer reduzierten Vertrauensfähigkeit auf die Welt kommen. Doch die Regel ist, dass ein Kind über liebevolle Berührungen Vertrauen lernt. Wir kommen also mit einem gesunden Reservoir an Vertrauen auf die Welt. Doch für die meisten Menschen hält das Leben Enttäuschungen bereit, die unser Vertrauen erschüttern. Die Ursachen für diese Enttäuschungen liegen aber immer bei jedem selbst! Wir sind der Schöpfer unseres Lebens, indem wir es durch Gedanken und Gefühle selbst gestalten.

"...Die Liebe bringt Licht in unsere Herzen..."

Wenn wir die Finsternis in unserem Herzen erkennen und den Wunsch haben, diese bewusst wahrzunehmen und loszulassen, öffnet sich uns ein Weg der Befreiung von negativen Gemütszuständen und führt uns zu wahrer Lebensfreude im Einklang mit dem Göttlichen. Wir sind der Schöpfer unseres Lebens, indem wir es durch Gedanken und Gefühle selbst gestalten. Da wir uns unserer Schöpfungskraft nicht mehr wirklich bewusst sind, erzeugen wir Umstände, welche nicht immer die unseres Herzens entsprechen und machen andere oder unser Umfeld für alles verantwortlich, was uns widerfährt.

Meist aus Situationen, welche von unerträglichem Leid geprägt sind, und wir das Gefühl haben es nicht mehr aushalten zu können, entstehen Veränderungen in unserem Leben. Erst wenn wir verstehen, dass wir durch unser eigenes Denken und Fühlen unser Leben selbst erschaffen und uns dadurch auch Schaden zufügen, indem wir uns unglücklich machen, dann können wir eine andere Realität für uns erschaffen und sie erleben. Wenn wir das nicht begreifen, werden wir immer wieder gleichartige Situationen für uns erschaffen, welche möglicherweise in Traurigkeit, Zorn, Verbitterung und Depressionen enden.

„Wieso erscheint das Denken so außerordentlich wichtig, obwohl doch das Erleben ein Fühlen ist?"

Wir müssen lernen, Zugang zu unserem Unterbewusstsein zu erlangen, da wir es sonst versäumen, unseren bewussten Geist einzubringen. Es ist die bedingungslose Liebe, das Gefühl in unserem Herzen, welche die Kraft hat, unser Bewusstsein im Hier und Jetzt erreichen zu können. Es ist das Bestimmende, das Wahre in unserem Leben und ermöglicht es uns, liebevolle Richtungen in unserem Leben einzuschlagen.

„Wenn du die Liebe sehen willst, musst Du mit den Augen der Seele schauen"

Täglich erzeugen wir energetische Gefühle in uns. Gefühle wie Liebe, Traurigkeit, Zorn, Angst, Frustration. Diese Gefühle drücken unsere Stimmung aus. Das, was wir gerade erleben und fühlen macht uns entweder glücklich oder verzweifelt, verängstigt oder frustriert.

Die Liebe bringt Licht in unsere Herzen

Die Liebe in uns selbst zu finden ist der Schlüssel zum Glück, der Schlüssel zur positiven Veränderung. Die Einsicht und die Entscheidung uns von dem Ballast, welcher uns im Herzen Finsternis beschert, zu befreien. Dies löst negative Gedanken und daraus resultierende negative Gefühlsregungen in uns auf. Um das erreichen zu können, müssen wir zu uns selbst eine Beziehung von Liebe aufbauen – genauso wie zu einem von uns geliebten Menschen.

(Bild 50: pixabay.com)

Wir müssen lernen im Hier und Jetzt zu sein, dann sind wir ganz bei uns selbst und nur dann wirklich präsent. Wir müssen lernen, uns selbst mit bedingungsloser Liebe zu führen, damit die Finsternis in unserem Herzen sich in Licht verwandeln kann. Wenn wir diese Liebe in uns spüren, dann entsteht ein Vertrauen in und zu uns selbst und wir können auch die negativen Seiten, welche immer wieder für Leid und Elend sorgen, in uns erkennen, sie annehmen und loslassen – dann sind wir frei für neue Wege.

„Nichts muss so sein, nur weil es immer so gewesen ist. Es ist immer der richtige Zeitpunkt für Veränderungen!"

127

Kapitel 22

Veränderung – der Wandel im Leben

***

(Bild 51: canva.com)

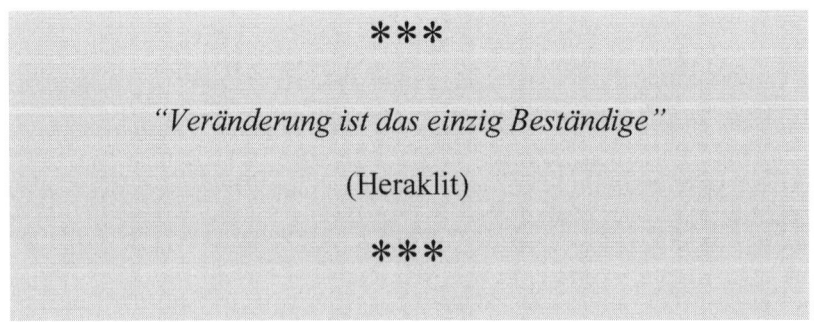

***

"Veränderung ist das einzig Beständige"

(Heraklit)

***

Wenn der Mut zu eben dieser Veränderung fehlt, bringen uns auch Weisheiten nicht weiter.

Da heißt es, seine restlichen Reserven zusammenzukratzen und zu erkennen, dass eine Veränderung sehr viel mehr ist als nur eine Bewegung weg von etwas Gewohntem.

Es gibt Veränderungen im Leben, welche von uns bewusst herbeigeführt werden und so gewollt sind. Aber es gibt auch Veränderungen, welchen wir unterworfen sind, auf welche wir keinen direkten Einfluss haben. Den meisten ist es zu mühsam Veränderungen in Kauf zu nehmen oder herbeizuführen, meist aus Angst vor Enttäuschung oder vorm Versagen oder auch aus festgefahrenen Situationen heraus, da diese alle ein Umdenken erfordern würden, welches vielen ihre eigene vorgegaukelte heile Welt Risse und Löcher bekommen ließe. Auch andere wollen keine Veränderung bei uns, aus Angst vor Verlust oder eigenen Nachteilen, welche unweigerlich dazu führen können. Lassen wir zu, auf andere zu hören, beeinflussen sie unsere eigene Veränderung und behindern unsere persönliche Weiterentwicklung. Jeder von uns muss lernen mit Veränderungen umzugehen. Der Mensch ist ein „Gewohnheitstier", wir alle kennen das Vertraute und sind skeptisch Neuem gegenüber, da wir nicht wissen, was uns das Neue bringt und somit eine Bedrohung darstellt.

***

„Es sind nicht die äußeren Umstände, die das Leben verändern, sondern die inneren Veränderungen, die sich im Leben äußern."

(Wilma Thomalla - Deutsche Publizistin)

***

Wir dürfen und sollten lernen Veränderungen zu unserem Vorteil zu nutzen und bereit sein etwas Positives in diesem Prozess zu erkennen!

Leben bedeutet Veränderung!

Veränderungen gehören unvermeidlich zum Leben dazu, auch wenn es uns nicht immer gefällt und auch schon das Gefühl aufkommen kann, den Halt zu verlieren. Ohne Veränderung werden wir immer auf der gleichen Stelle treten und persönliches Wachstum und unsere Weiterentwicklung wären unmöglich.

***

Veränderung ist ein Element des Lebens,

es wird nie alles beim Alten bleiben.

Wir können nichts gegen Veränderungen tun –

immer wird sich irgendetwas ändern.

Wir lernen Neues und lernen ein Leben lang dazu,

das ist der Lauf der Dinge, der Lauf des Lebens.

Menschen ändern sich, es kommen neue Menschen in

unser Leben und andere verlassen unser Leben.

(Allure)

***

Wir dürfen lernen mit Veränderungen umzugehen!

***

„Das Leben gehört dem Lebendigen an, und wer lebt,

muss auf Wechsel gefasst sein."

(Johann Wolfgang von Goethe)

***

Wer sich gegen Veränderungen stellt, vergibt sich die Chancen und die daraus resultierenden Möglichkeiten, welche sich uns öffnen, wenn wir diese akzeptieren und zulassen, denn Veränderungen tragen die Chance zu einer Verbesserung der Situation in sich, auch wenn es im ersten Moment nicht immer positiv erscheinen mag. Eine Veränderung zieht die nächste nach sich. Wir selbst haben die Entscheidung, was wir aus den jeweiligen Situationen machen.

***

„Wer neue Wege gehen will, muss alte Pfade verlassen."

(Manfred Grau)

***

Sich gegen Veränderungen zu sperren hilft uns nicht weiter, sondern behindert uns in unserer Entwicklung, Entfaltung und verhindert inneren und äußeren Wachstum. Auch wenn es für viele bequemer wäre, den einfachen, festgefahrenen Trott beizubehalten, wird dies auf Dauer nicht funktionieren, da es Unzufriedenheit und Lebensunmut in uns selbst und in unserem Umfeld aufkommen ließe.

∗∗∗

„Wer nichts verändern will, wird auch das verlieren, was er bewahren möchte."

(Gustav Heinemann)

∗∗∗

Durch Veränderung gestalten wir unser Leben selbst. Durch Veränderung gewinnen wir eine positive Einstellung dazu. Veränderungen bieten uns die Möglichkeit neue Wege zu beschreiten.

Allerdings sind Veränderungen nicht selten schmerzhaft. Schmerzhaft für einen selbst oder schmerzhaft für andere. Viele von uns versuchen deshalb diesen Weg zu vermeiden, um diesen Schmerz nicht begegnen zu müssen.

Doch dürfen wir uns auch Bewusst machen, dass uns dies am Vorankommen hindert und Veränderungen immer die Möglichkeit zu einem Neuanfang beinhalten.

Dazu gehört loslassen können und nicht an Altem festzuklammern, was nicht mehr gewollt oder gewünscht ist, nur um den bequemen Weg vorzuziehen.

(Bild 52: pixabay.com)

***

Mag dir auch manches schwer erscheinen,
was dir zur Pflicht das Leben stellt.

Spring frisch hinein mit beiden Beinen.
Den Mutigen gehört die Welt.

(Allure)

***

Veränderung heißt Bewegung! Es bringt uns nichts, auf einen Lösungsweg zu beharren, manchmal ist es von Vorteil andere Wege einzuschlagen, um an unser Ziel zu kommen. Wichtig ist die Bewegung und nicht die Stagnation! Loslassen lernen! Wir dürfen lernen loszulassen, Dinge einfach laufen zu lassen, worauf wir keinen Einfluss haben. Gelassenheit! Akzeptieren und annehmen, dass vieles geschieht, einfach so wie es geschieht und nicht immer so wie wir es wollen.

Geduld und innere Zuversicht zur Veränderung

Es ist die positive Lebensveränderung, worum es in unserem Leben geht, und es ist von großer Wichtigkeit eine Orientierung im Leben zu haben, innere Lebensenergie und Liebe von welcher man nicht nur redet, sondern sie lebt. Das vermag uns glücklich zu machen, und unabhängig von unserer Umgebung.

***

„Wer nichts verändern will,
wird auch das verlieren, was er bewahren möchte"

(Heraklit)
***

Kapitel 23

Geduld – Was bedeutet Geduld?

***

(Bild 53: pixaby.com)

Die Geduld bleibt in unserer hektischen Zeit oft auf der Strecke.
Es fällt nicht immer leicht, geduldig und gelassen zu bleiben.

- Geduld - ist die Fähigkeit, warten zu können.
- Geduld - macht erfolgreich und zufrieden.
- Geduld - ist, Verständnis für andere aufzubringen, sie so zu nehmen wie sie sind.
- Geduld - heißt, anderen die Zeit für ihre Entwicklung zu geben.
- Geduld - ist eine Tugend.
- Geduld - ist die Stütze der Schwäche.
- Geduld - ist innere Stärke.
- Geduld - ist ein großes Geheimnis des Erfolges.
- Geduld - ist Hauptbestandteil der Weisheit.

- Geduld - ein Streben nach Verwirklichung der höchsten Erkenntnis.

Grenzenlose, unermessliche Geduld bringt die Wirkung der höchsten Erkenntnis und ihre Verwirklichung zum Vorschein, somit erlangen die, welche sich in Geduld zu üben verstehen, höchste Erkenntnis und die Verwirklichung derer.

Geduld ermöglicht es uns, mit unerfüllten Wünschen und Sehnsüchten umzugehen, wodurch ein Erkennen von Glück, Freude, Frieden und Liebe möglich wird und uns zur Besonnenheit, Standhaftigkeit, Vergebung und Sanftmut verhilft.

Ein geduldiger Mensch kann alles erreichen was er will

Geduld lässt in uns Willenskraft und Ausdauer entwickeln und ist der Träger des menschlichen Friedens. Durch Weisheit, Vertrauen, Hingabe und Achtsamkeit können wir Geduld verstärken. Es ist eine große Leistung voller Ehrfurcht, denn Geduld vermag Wunder zu bewirken. Sie kann sprichwörtlich Berge versetzen, denn durch sie ist alles in dieser Welt erreichbar, weil sie jedes Hindernis auf der Suche nach der Wahrheit zu überwinden vermag.

Geduld ist der Schlüssel zur Zufriedenheit

Nicht nur Intelligenz und Talent bestimmen unseren Lebensweg, sondern auch die Fähigkeit, sich zu gedulden, denn Geduld ist die Seele des Friedens und ermöglicht es, die Göttlichkeit in uns zum Vorschein zu bringen. Da Geduld auch eines der besonderen Heilmittel gegen Wut und Ärger ist, zeichnet sich ein geduldiger Mensch durch einen starken Charakter mit Durchhaltevermögen ohne „Wenn und Aber" aus.

(Bild 54: Canva.com)

"Geduld ist die Tugend der Glücklichen."

(Baruch Benedictus de Spinoza (1632-77), niederl. Philosoph)

Geduld lässt uns glücklicher und zufriedener werden, denn ein geduldiger Mensch reagiert immer mit Besonnenheit und zeichnet sich durch die Eigenschaft aus ohne Unmut auf Gerechtigkeit warten zu können, immer an den Glauben an das Gute im Leben und das Gute in den Mitmenschen.

✻✻✻

„Habe Geduld und du wirst bekommen was du verdienst."

(Melih S.)

✻✻✻

Kapitel 24

Gelassenheit ist eine innere Einstellung

***

(Bild 55: Canva.com)

In der geschäftigen Betriebsamkeit unseres Alltags geht oft der Blick für das Wesentliche verloren. Innere Ruhe und Harmonie, grundlegende Voraussetzungen für das Wohlbefinden eines jeden Einzelnen, sind oft nur noch leere Worte. Wer wünscht sich nicht, in heiterer Gelassenheit durch sein Leben zu gehen?

Gelassenheit ist in jeder Lebensphase ein Gewinn. Gelassenheit ist etwas, was sich viele Menschen wünschen. Die Sehnsucht nach Gelassenheit ist in uns und wächst stetig.

***

„Gelassenheit bedeutet glücklich zu sein und die Überzeugung

in sich zu tragen, Glücklich sein verdient zu haben"

(Allure)

***

Was ist Gelassenheit?

- Gelassenheit ist eine Einstellung.
- Gelassenheit bedeutet innere Ruhe zu haben. Gelassenheit bedeutet eine unvoreingenommene Haltung zu haben.
- Gelassenheit ist die Fähigkeit in schwierigen Situationen die Fassung zu bewahren.
- Gelassenheit ist eine anmutige Form des Selbstbewusstseins.
- Das Leben in Gelassenheit zu leben ist das Leben in der Gegenwart.
- Gelassenheit ist nicht zu verwechseln mit Gleichgültigkeit, sondern einer der drei Geisteszustände, Liebe, Mitgefühl und Mitfreude.
- Gelassenheit ist eine Grundeinstellung und eine persönliche Lebensphilosophie.
- Gelassenheit bedeutet den Tag frei erleben zu können, ohne seine Probleme alle auf einmal lösen zu wollen. Andere nicht verbessern zu wollen, sondern sie so zu akzeptieren, wie sie sind.

- Gelassenheit bedeutet glücklich zu sein und die Überzeugung in sich zu tragen, glücklich sein verdient zu haben – ohne die Forderung zu haben, dass sich die Umstände an einen anpassen müssen, sondern sich selbst an die Umstände anzupassen.
- Gelassenheit bedeutet sich vor Unentschlossenheit zu hüten, keine Angst zu haben und den Glauben an die Güte in sich zu tragen. Gelassenheit ist in jeder Lebensphase ein Gewinn.

Gelassenheit bedeutet Vertrauen zu haben

Gelassene Menschen sind in der Lage, die besseren Entscheidungen zu treffen, da sie ruhig bleiben und sich selbst nicht so schnell unter Druck setzen. Somit werden keine voreiligen Entscheidungen getroffen. Das zieht natürlich auch Erfolg nach sich, da sie das Vermögen haben, ihre Probleme objektiver zu betrachten. Somit ist die Möglichkeit für bessere Lösungen gegeben.

Wenn wir gelassen sind, verfügen wir über das Vermögen, souverän und entspannt mit Problemen umzugehen. Wir strahlen eine innere Ruhe, eine innere Sicherheit aus und wir wirken dann auf andere wie ein ruhender Pol.

Mit Gelassenheit verkörpern wir innere Liebe, welche uns gegenüber den Wechselfällen des Lebens unantastbar werden lässt. Gelassenheit ist die Fähigkeit inmitten von Höhen und Tiefen des Lebens und gewisser Ereignisse, Ruhe zu bewahren.

(Bild 56: pixabay.com)

***

„Ich wünsche mir die Gelassenheit,

Dinge hinzunehmen, die ich nicht ändern kann;

den Mut, Dinge zu ändern, die ich ändern kann;

und die Weisheit, das eine vom anderen zu unterscheiden."

(Reinhold Niebuhr)

***

In diesem Spruch sind die Hauptelemente der Gelassenheit verankert. Das Hinnehmen, was nicht zu ändern ist, das Ändern was zu ändern ist und das Erkennen, was man zu ändern vermag. Obwohl das nicht von Einfachheit geprägt ist, Dinge zu ändern, da sich die meisten Menschen mit vielen Dingen abfinden, die sie unzufrieden oder unglücklich machen, obwohl diese änderbar wären. Auch sind sie wiederum nicht in der Lage, Dinge zu akzeptieren, also hinzunehmen, welche nicht änderbar sind, da sie auf diese keinen Einfluss haben.

Ein liebevoller Blick in erster Linie auf sich selbst ist der Schlüssel zur Gelassenheit, dann der Blick auf alles um sich herum. Wer die Welt und die Menschen um sich herum mit Liebe anschaut, dem fällt es einfacher, Geduld zu üben und gelassener zu sein. Es geht darum anzunehmen, das eigene Leben nicht als Last zu empfinden, sondern es als eigene Aufgabe zu erkennen. Inneres Vertrauen und Zuversicht, gepaart mit Optimismus, das Leben bejahen, das sind die Voraussetzungen, um gelassen sein zu können.

Gelassenheit entsteht in uns – entsteht aus Liebe, aus Liebe zum Leben und aus Liebe zu anderen Menschen, aus Liebe zu allen Lebewesen, aus Liebe zur Natur. Liebe in allem was ist.

Marie von Ebner-Eschenbach formulierte Gelassenheit so:

„Gelassenheit ist eine anmutige Form des

Selbstbewusstseins."

✳✳✳

Kapitel 25

Entscheidungen im Leben

***

(Bild 57: Liebeisstleben.net)

Wir alle kommen früher oder später im Leben an den Punkt, wo wir Entscheidungen treffen müssen. Ob wir das wollen oder nicht. Und die Frage ist immer nach der richtigen Entscheidung. Noch nie hatten wir die Möglichkeit so viel zu entscheiden, wie heute und diese vielen Möglichkeiten machen unser Leben schwer. Entscheide Dich dafür, was Du im Leben wirklich willst. Glaube daran, dass Du es verdient hast. Und glaube auch daran, dass Du es bekommen kannst!

Wir treffen nicht immer die richtigen Entscheidungen im Leben, dennoch, es sind immer unsere eigenen Entscheidungen. Sie sind es auch dann, wenn wir auf andere hören, sie für uns entscheiden lassen, auch dann haben wir entschieden, nämlich die Entscheidung der anderen anzunehmen. Allerdings geben wir damit dann auch eines unserer Geburtsrechte ab, das Recht auf freie Entscheidung. Wir geben dann die Verantwortung für unser Leben aus der eigenen Hand und lassen andere über unser Leben bestimmen. Wir müssen allerdings dann auch damit zurechtkommen, dass diese von anderen für uns getroffene Entscheidung, nicht immer in unserem Sinne erfolgt. Für viele ist das der bequemere Weg, die Eigenverantwortung auf diese Weise abzugeben.

***

„Es kommt für jeden der Augenblick der Wahl und der

Entscheidung: Ob er sein eigenes Leben führen will,

ein höchst persönliches Leben in tiefster Fülle,

oder ob er sich zu jenem falschen, seichten,

erniedrigenden Dasein entschließen soll,

dass die Heuchelei der Welt von ihm begehrt.“

(Oscar Wilde)

***

Auch wenn wir uns mal nicht für das *„entweder oder“* entscheiden, treffen wir auch eine Entscheidung, nämlich die, uns nicht zu entscheiden. Wenn wir beginnen über unser Leben selbst zu entscheiden, wird es uns mehr Glück und Fülle bescheren. Es macht unser Leben lebenswerter und gibt uns ein gutes Gefühl zu wissen, sich die Freiheit genommen zu haben, selbst zu entscheiden.

***

Sieh alles mit Deinen eigenen Augen, wenn du zögerst,

verpasst du dein Leben.

(Allure)

***

Es sind unzählige kleine Entscheidungen, die wir täglich treffen, bewusst und unbewusst. Alles was wir tun, resultiert aus Entscheidungen, die wir getroffen haben. Diese Fähigkeit selbst entscheiden zu können, sieht Anfangs wie die große Freiheit aus, aber es macht uns nicht glücklicher, da die Entscheidungen im täglichen Leben von verschiedenen Faktoren beeinflusst werden. Dabei spielt nicht nur die Herkunft und die Familie eine Rolle, sondern auch unsere Erziehung, unsere Hormone, äußere Einflüsse oder spontane Gefühlsregungen.

Es wird immer Fehlentscheidungen geben, mit denen wir lernen müssen umzugehen. Die Dinge, die wir falsch gemacht haben, bereuen wir zwar, aber noch viel mehr bereuen wir die, welche wir gar nicht erst versucht haben, aus Angst oder Zweifel. Auch wenn wir falsche Entscheidungen im Leben treffen, sollten wir das Ganze positiv betrachten, denn sie bringen uns im Leben immer ein Stück weiter und dadurch lernen wir.

***

„Jeder Mensch muss wissen, dass er die Wahl hat.

Die meisten Menschen haben nämlich keine Wahl,

weil sie nicht wissen, dass sie die Wahl haben.

Und weil sie nicht wissen, dass sie die Wahl haben,

wählen sie nicht.

Und weil sie nicht wählen, geschieht nichts, und weil

nichts geschieht, denken sie es ginge nicht.

In Wirklichkeit ist alles jederzeit möglich, sobald wir dem

Leben die richtigen Anweisungen geben"

(Kurt Tepperwein)

***

Manchmal machen wir uns zu wenig Gedanken und nehmen einfach alles so hin. Es ist schon wichtig aus seiner ganz eigenen, persönlichen Perspektive auf eine bestimmte Situation zu blicken. Es sind meist die „großen" Entscheidungen, welche fast immer von unserem Kopf gesteuert werden. Unser Verstand ist es, der abwägt, ob gut oder schlecht, richtig oder falsch.

Warum fangen wir nicht an, öfter Entscheidungen mit dem Herzen zu treffen? Das Herz entscheiden zu lassen, was auch vielen als das Bauchgefühl bekannt ist? Würde uns das Herz auf den richtigen Weg führen, zur richtigen Entscheidung verhelfen?

Verstand und Herz ins Gleichgewicht bringen wäre eine gute Entscheidung.

Wenn das Herz vor lauter Gefühlen sich für etwas entscheiden möchte, der Verstand aber gewisse, berechtigte Einwände hat, es sei jetzt noch nicht der richtige Zeitpunkt, dann sollte das Herz warten, bis der richtige Zeitpunkt gekommen ist. Zum richtigen Zeitpunkt wird dann das Herz entscheiden. Wir dürfen es nur zulassen. Das Herz wird uns den richtigen Weg zeigen.

WIR haben die Verantwortung für unser Leben, aber zuallererst die Verantwortung für uns selbst.

Kapitel 26

Der Weg ist das Ziel

***

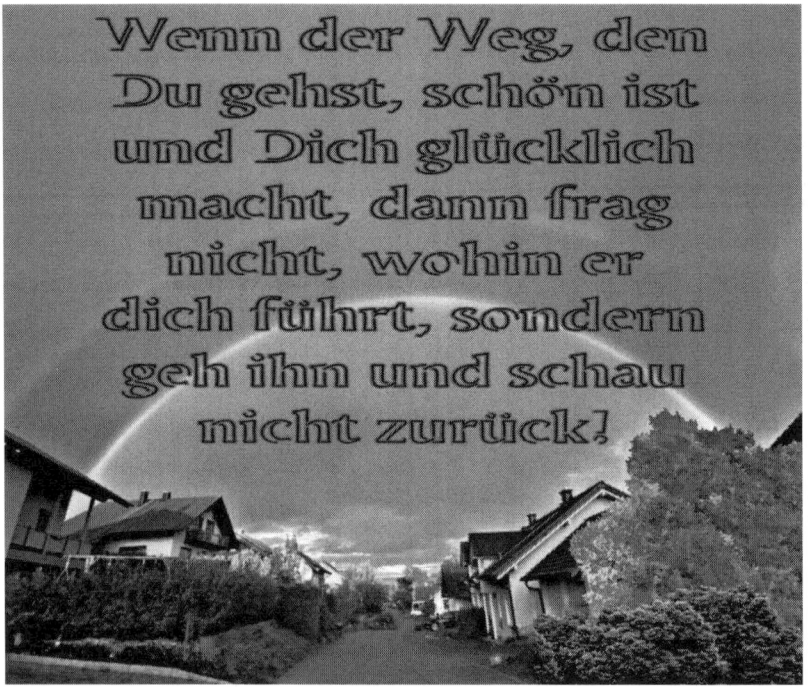

Wenn der Weg, den Du gehst, schön ist und Dich glücklich macht, dann frag nicht, wohin er dich führt, sondern geh ihn und schau nicht zurück!

(Bild 58: Naveene)

Wir sollten immer ein Ziel vor den Augen haben, wobei es nicht unbedingt darauf ankommt sein Ziel zu erreichen, sondern einen Weg zu finden es zu erreichen.

Was wir auf diesem Weg lernen können, ist vielfach von größerer Bedeutung als das eigentliche Ziel.

***

„Auch die längste Reise beginnt mit dem ersten Schritt"

(Laotse)

***

Ein eigenes und persönliches Lebensziel zu haben ist besonders in der „Ich-Bezogenheit" unserer Gesellschaft von großer Wichtigkeit. Ob es nun ein kurzfristiges oder langfristiges Lebensziel ist, es verlangt von uns einen gewissen Weitblick und ein visionäres Verständnis. Vielen gelingt das noch nicht. Warum? Weil sie aufgegeben haben, oder zu bequem geworden sind? Warum gehen sie ihrem alten Trott gemächlich weiter, ohne eigene Gedanken, ohne eigenes Ziel, einfach stupide den ihnen vorgezeigten Weg?

***

Wer zu sich selbst finden will,

darf andere nicht nach dem Weg fragen.

(Dr. Paul Watzlawick)

***

Auch wenn vielen von uns noch nicht klar ist, was denn eigentlich unser Ziel ist, welchen Weg es zu beschreiten gilt, ist es wichtig genau das herauszufinden. Denn nur unser persönlicher Antrieb vermag es, uns genug Kraft zu geben, einen Weg zu beschreiten, um an unser persönliches Ziel zu gelangen, etwas das uns Freude beschert, etwas das uns glücklich macht. Wenn wir planlos sind, sollten wir uns erst einmal mit unserer momentanen Lebenssituation auseinandersetzen, sie genau unter die Lupe nehmen, genau betrachten, wo wir gerade stehen.

Das wird uns helfen, zu erkennen, was unser jetziges Leben ausmacht und welchen Stellenwert es für uns hat. Die ehrliche Erkenntnis wird für viele erschreckend sein. Unsere Werte können uns helfen unsere Ziele vorzugeben, dabei ist es wichtig das beide im Einklang zueinanderstehen, um innere Konflikte zu vermeiden.

Es sind unsere Träume und unsere Wünsche, welche unsere Ziele im Leben bestimmen. Es liegt nur an uns selbst den ersten Schritt des Weges zu beschreiten, welcher uns unserem Ziel näherbringt. Der Weg zu unserem Ziel beginnt genau da, wo wir jetzt, in diesem Moment, gerade stehen. Es sind die verschiedenen Lebensbereiche, in welchen wir unterschiedliche Rollen mit unterschiedlichen Funktionen zu erfüllen haben, die uns und unser Leben prägen. Deshalb müssen wir lernen, was wirklich wichtig für uns ist, erst mal ein gewisses Bewusstsein entwickeln, um erkennen zu können.

Verbannen wir das Negative aus unserem Leben und widmen uns mehr den positiven Aspekten, dem was uns erfreut, was uns glücklich macht! Fangen wir an auf unsere Innere Stimme zu hören, auf unser Gefühl! Es ist unser Herz, welches uns den Weg zeigen wird. Wenn Deine Augen keinen Weg mehr sehen, schließe sie und folge dem Weg, den dir dein Herz zeigt!

Fangen wir doch wieder an zu träumen! Das ermöglicht uns, für einen kurzen Moment von unserer Realität Abstand zu nehmen und in eine neue Realität abzutauchen. Dort sind wir dann ganz ungestört, und wir können Kraft schöpfen. Wenn wir über unsere Grenzen des Alltags hinausgehen, dann wird uns die Welt offenstehen. In und durch unsere Träume können wir alles erschaffen, was wir immer wollten. Wir können alles erreichen was wir wollen. Wir können ungehindert glücklich sein.

Je detaillierter wir unsere Träume erleben umso konkreter werden sich unsere neuen Wege erschließen. Zu oft begrenzen wir, gesteuert von unserem Verstand, unsere persönlichen Ziele, gehen nur von dem Machbaren, dem Erreichbaren aus, glauben nur

das, was wir für möglich halten oder das, was unser Umfeld für möglich hält. Zu stark haben wir uns in der Vergangenheit durch andere beeinflussen lassen. Zu oft haben wir uns von anderen begrenzen lassen, hinter der Fassade der Objektivität. Zu oft haben wir uns von unserem Weg, von unseren Zielen abbringen lassen.

Nehmen wir doch unser Leben wieder selbstbestimmt in unsere eigenen Hände! Gehen wir endlich unseren eigenen Weg und lassen die Leute reden! Trauen wir uns endlich über das hinauszuwachsen, was wir für möglich halten! Unser stärkster Traum wird auch unser wichtigstes Ziel im Leben sein. Es war ein Weg, welchen wir beschritten haben, um genau da zu sein, wo wir jetzt sind. Es eröffnen sich immer wieder neue Wege in unserem Leben und manchmal erkennen wir erst am Ende eines Weges, warum wir ihn gehen mussten. Gehen wir unseren Träumen und Sehnsüchten nach, werden wir schnell erkennen, wann es an der Zeit ist, sich neue Ziele zu setzen.

Was würde uns an unserem Lebensabend zufrieden machen?

Wenn wir alt sind und auf unser Leben zurückblicken, was wollen wir dann sagen? Werden wir mit Gewissheit sagen können alles so gemacht zu haben, wie wir es wollten? Würden wir wieder alles so machen oder bereuen Wege ausgelassen zu haben? Wollen wir nicht alle auf ein erfülltes Leben in Liebe, Glück und Freude zurückblicken?

Wenn wir immer nur das tun würden, was von uns erwartet wird, könnte man folgendes auf unseren Grabstein schreiben:

„Mein Leben hat allen gefallen, nur mir nicht!"

Kapitel 27

Wunder

***

(Bild 59: canva.com)

Ein Wunder ist etwas Außergewöhnliches, etwas was uns zum Staunen bringt. Wunder sind nichts Übernatürliches, sondern begegnen uns Tag für Tag. Wir haben den Blick verloren, um Wunder zu erkennen. Natürlich liegt es auch immer in den Augen des Betrachters in einer „Sache" oder einem bestimmten Ereignis ein Wunder zu sehen, oder es als solches zu erkennen.

Wir sind, meist unbewusst, viel zu sehr damit beschäftigt uns den Kopf über alles Mögliche zu zerbrechen, am meisten über das was andere von uns halten und denken. Wir wollen alles richtigmachen und haben Angst davor, dass jemand schlecht über uns denkt. Dabei verpassen wir die vielen wunderbaren Momente im Leben und sind nicht mehr offen für die vielen kleinen Wunder um uns herum. Wir ignorieren sie, weil wir abgestumpft dem Leben gegenüberstehen und nicht mittendrin, weil wir meinen, dass sie zum Alltag gehören.

Diese kleinen Wunder nehmen wir als gegeben und als „normal" hin – wir nehmen sie nicht mehr als Wunder wahr. Wunder beginnen bereits in jenem Moment, in dem wir aufhören uns Gedanken darüber zu machen, was andere von uns halten und endlich anfangen, so zu leben wie wir es möchten, in dem wir endlich frei sind.

✳✳✳

„Das Leben ist ein weißes Blatt, die Farben sind in Dir.

Male es schön bunt und leuchtend"

(Jochen Mariss)

✳✳✳

Betrachten wir unser Spiegelbild sehen wir bereits ein Wunder. Das sind wir! Wir selbst! Ein Wunder der Schöpfung! Aber können wir uns denn auch als Wunder erkennen und annehmen? Es ist das Bewusstsein und das Finden zur Eigenliebe, welche uns befähigt uns als das was wir sind anzunehmen, als Wunder.

Jede Schöpfung ist ein Wunder

Wir haben den Auftrag unsere eigene Welt zu gestalten und die Schöpfung zu bewahren, denn jede Schöpfung ist ein Wunder und es ist unsere Aufgabe dieses Wunder zu hüten, das bedeutet auch, für unsere „Mutter Erde" Verantwortung zu übernehmen.

All die Schöpfung um uns herum ist kein Zufall, sondern von Gott so gewollt und sie entspringt tiefster Liebe, Liebe zu allem Erschaffenem und Liebe zum Leben.

***

„Herr, wie zahlreich sind deine Werke!

Mit Weisheit hast du sie alle gemacht,

die Erde ist voll von deinen Geschöpfen"

(Ps 104,24)

***

Die Bereitschaft Erkenntnis zu erlangen, dass hinter unserer sinnlichen Wahrnehmung noch etwas anderes liegt, wird nicht nur unser bisheriges Weltbild in Frage stellen, sondern es werden sich in vielerlei Hinsicht auch Antworten offenbaren, welche uns beschäftigten und werden uns die Wunder erkennen lassen.

Durch diese gewonnene Erkenntnis wird in uns ein Entwicklungsprozess stattfinden, wodurch wir lernen in verschiedenen Situationen im Frieden zu bleiben, in uns selbst zu ruhen, und wir werden frei sein von Angst, Hass und Zorn, wir werden zur Liebe geführt.

***

„Die größte Entdeckung meiner Generation ist,

dass Menschen ihr Leben ändern können,

indem sie ihre Geisteshaltung verändern"

(Prof. William James)

***

Wir sollten uns den kleinen Wundern um uns herum wieder bewusstwerden, damit wir sie wieder zu schätzen lernen. Dann können wir sie auch genießen. Um Wunder zu sehen, muss man Wunder verstehen. Die vielen Glücksmomente des Alltags wieder mit Bewusstsein erleben lernen, hilft unser Inneres zu öffnen, für die Liebe in uns und wir werden Dank und Glück empfinden für die Wunder des Lebens, welche wir dann zu erkennen in der Lage sind.

***

„Warte nicht auf große Wunder,

sonst verpasst du viele kleine!"

(Allure)

***

Kapitel 28

Die Leichtigkeit des Seins

***

(Bild 60: pixabay.com)

Die Leichtigkeit in deinem Leben kann erst zu dir finden, wenn du die Schwere gehen lässt. Herausfinden aus der Opferrolle, um unser Leben zu gestalten und zu manifestieren, im Einklang mit unserem Selbst.

Wir unterliegen ständigen Konflikten und beschäftigen uns mit allen möglichen Problemen. Sorgen, Grübeleien, lästige Alltagsaufgaben und Zukunftsängste legen sich wie dunkle Wolken über unser Gemüt. Wir haben uns angewöhnt uns ganz besonders auf das zu konzentrieren, was nicht gerade gut läuft, uns ärgert oder Sorgen bereitet. Es sind die negativen Dinge, die wir in uns aufnehmen. Es kommt auf die richtige Haltung an, wie wir mit Fehlschlägen oder Problemen umgehen.

***

„Jedes Problem ist in Wirklichkeit eine Aufgabe,

enthält immer die optimale Lösung und wird so

zur Chance zum Besseren. "

(Kurt Tepperwein)

***

Leichtigkeit des Seins bedeutet mit dem Leben in Harmonie zu fließen und dem Gefühl von Verbundenheit. Es ist nicht unsere Aufgabe es allen recht zu machen. Um die Leichtigkeit des Seins erfahren zu können, sollte es unser Ziel sein, uns selbst wieder etwas wert zu sein und nicht immer auf die Bedürfnisse der anderen einzugehen oder sogar diese über seine eigenen zu stellen. Auch mal nein sagen zu können, verschafft uns die nötigen Freiräume, welche wir dazu benötigen.

***

„Jeder Tag ist eine neue Chance, das zu tun, was du tun möchtest"

(Friedrich von Schiller)

***

Wir können jeden Tag aufs Neue entscheiden und mehr Freude, Liebe, Spontanität in unser Leben lassen. Wir können, sollten und dürfen die Pflichten und Erwartungen die andere an uns haben, gegen unsere verborgenen Sehnsüchte ganz bewusst eintauschen. Mal das machen was uns Spaß macht, ohne sich den Kopf darüber zu zerbrechen ob das richtig ist oder was andere davon halten oder über uns denken. Entscheidend ist nicht, was wir tun, sondern was wir dabei empfinden!

***

„Das Ziel des Lebens ist Selbstentwicklung.

Das eigene Wesen völlig zur Entfaltung zu bringen,

das ist unsere Bestimmung"

(Oscar Wilde)

***

Veränderungen jeder Art sind gut, um ein Gefühl zu bekommen, nicht im Alltag gefangen zu sein. Äußere Ordnung zu schaffen, ermöglicht uns die Ordnung im Inneren. Dadurch sehen wir die Dinge um uns herum klarer, mit anderen Augen.

Wenn der eigene Lebensplan den man hatte, plötzlich zu unerfüllter Hoffnung wird, sollten wir Loslassen und nicht krampfhaft an Altem festhalten, dabei keine Angst haben etwas Neues zu beginnen und Platz schaffen für neue Pläne und neue Wünsche.

***

„Lassen Sie alles los,

was nicht wirklich glücklich macht

und leben Sie in der Leichtigkeit des Seins"

(Kurt Tepperwein)

***

Mit dem Leben steigen die Anforderungen und man ist mit der Zeit nicht mehr nur für sich selbst verantwortlich. Diese Verantwortung kann uns viel Kraft rauben. Auch Gemütszustände unserer uns naheliegenden Menschen und anderer Mitmenschen nehmen wir ständig in uns auf. Wir dürfen uns nicht mehr von der schlechten Stimmung und den negativen Gedanken anderer runterziehen lassen, da wir uns dadurch unserer Lebenskraft berauben. Nehmen wir uns an, in Liebe und mit Selbstachtung.

Es ist die Gelassenheit und das Gottvertrauen

was wir in uns verankern sollten um zur Ruhe zu kommen,

um die Leichtigkeit des Seins erfahren zu können.

Nachwort

***

(Bild 61: Liebeisstleben.net)

Diesen Wegweiser in und für die Neue Zeit möchte ich mit einem Zitat des Autors Paulo Coelho abschließen, welches mich persönlich in meinem Bewusstseinswerden unterstützt hat, und es hier weitergeben, in der Hoffnung, dass weitere Seelen in den folgenden Worten Unterstützung finden.

Wir sind alle zu einem Zweck hier

„Egal, was der Mensch tut, jeder spielt eine zentrale Rolle in der Geschichte der Welt. Und in der Regel weiß er es nicht. Jeder trägt ein kreatives Potenzial in sich und von dem Moment an, wo er dieses entdeckt, und zum Ausdruck bringt, ist er in der Lage, die Welt zu verändern."

Das Einzige, was zwischen Dir und Deinen Träumen steht, sind Deine Ängste

„Höre nicht auf Deine Ängste. Wenn Du das tust, wirst Du nicht in der Lage sein, mit deinem Herz zu sprechen. Es gibt nur eine Sache, die es unmöglich macht, einen Traum zu erreichen: die Angst vor dem Scheitern."

Fehler sind Teil des Lebens

„Wenn Du Deinen Weg findest, musst Du keine Angst haben. Du musst den Mut haben, Fehler zu machen. Enttäuschung, Niederlage und Verzweiflung sind die Werkzeuge die Gott benutzt, um uns den Weg zu zeigen."

Suche die Liebe nicht außerhalb von Dir

„Liebe findet man nicht in jemand anderem, sondern in einem selbst; wir wecken sie einfach auf. Doch um das zu tun, brauchen wir den anderen Menschen dazu."

Wenn Du Dich änderst, ändert sich die ganze Welt mit Dir

„Wenn wir lieben, bemühen wir uns immer besser zu werden als wir es bereits sind. Wenn wir uns darum bemühen, besser zu werden als wir sind, wird alles um uns herum ebenfalls besser."

Kümmere dich um deine eigenen Angelegenheiten

„Viele Menschen scheinen eine genaue Vorstellung davon zu haben, wie andere ihr Leben führen sollten, aber sie selbst haben keine von ihrem eigenen Leben. Wir sind nicht in der Lage das Leben anderer zu beurteilen, weil jeder Mensch nur seine eigenen Schmerzen und seine eigene Entsagung kennt. Es ist eine Sache, dass Du fühlst, auf dem richtigen Weg zu sein, aber eine andere zu denken, dass Deiner der einzige Weg sei."

Niemand ist dafür verantwortlich, wie du dich fühlst oder nicht fühlst

„In der Liebe kann niemand jemand anderen schaden; jeder selbst ist für seine eigenen Gefühle verantwortlich und kann nicht jemand anderen für das was man fühlt verantwortlich machen."

Umarme Deine Wahrhaftigkeit

„Du musst der Mensch sein, der Du nie mutig genug warst zu sein. Nach und nach wirst Du entdecken, dass Du bereits dieser Mensch bist, aber um das klar zu sehen, musst Du so tun, als ob und Dich erfinden."

„Wenn Du Erfolg haben möchtest, musst Du eine Regel respektieren belüge Dich niemals selbst."

(Bild 62: und Spruch: paulocoelhoblog.com)

Die Autorin

***

(Bild 63: Allure von Liebeisstleben.net)

Allure von LiL (Autorin von LiebeIsstLeben.net) ist, als liebende Frau, liebende Mutter und liebender positiver Mensch, in ihrem bewegten Leben durch Höhen und Tiefen gegangen. Dabei hat sie immer versucht, sich selbst treu zu bleiben und sich in kein vorgeschriebenes Schema pressen zu lassen, was sich in unserer Gesellschaft nicht immer einfach gestaltete und auch nicht immer gelang.

Seit vielen Jahren befindet sie sich auf dem Weg der Erkenntnis, der ihr immer wieder und immer mehr den Blick auf das Wesentliche im Leben offenbart und sie zu einem freien selbstbestimmten Menschen werden ließ.

Mit diesem Wegweiser in die Neue Zeit möchte Allure jenen Seelenmenschen Anregungen und Hilfestellung geben, die auf der Suche sind.

Danksagung

Ich möchte mich ganz herzlich bei allen Seelen bedanken, die Teil meines Weges waren, Teil meines Weges sind und bei allen lichtvollen Seelen, die mich auf meinem weiteren Weg noch begleiten werden.

In Liebe und von Herzen

Allure

Corona - Die Wahrheit

€ 25,00
Peter von Zabuesnig

Softcover, 486 Seiten
ISBN 978-3-947048-25-0

Man muss einem Menschen die Wahrheit hinhalten, dass er wie in einen offenen Mantel hineinschlüpfen kann, und nicht wie einen nassen Lappen um die Ohren hauen. Wie weit Sie in besagten Mantel der Wahrheit hineinschlüpfen werden, hängt in hohem Maße davon ab, wie sehr Ihre Seele friert.

Nur derjenige wird die absolute Wahrheit bewusst erfassen, dessen Seele voller Sehnsucht ist und der im Grunde nichts mehr von dieser Erde wissen will. Aber lassen Sie sich doch einfach überraschen, vielleicht erkennen Sie durch dieses Werk weitaus mehr, als Sie sich momentan vorstellen können.

.

BRAINBOW

€ 21,00
Bernd Huber

Softcover, 335 Seiten
ISBN 978-3-947048-24-3

Chris Jester, ein medialer Lebens- und Beziehungscoach, wird jäh aus seinem gewohnten Alltag in Southampton gerissen, als ihm ein mysteriöser Anrufer mitteilt: „Wir haben Dich auserwählt, die Welt zu retten!" Eine uralte Usurpatoren-Rasse trachtet mit teuflischen Mitteln danach, die Menschheit ein für alle Mal zu unterwerfen.

Den Augen der Weltöffentlichkeit entzogen, tief im Bergmassiv einer nordkoreanischen Militärbasis, wird der „BRAINBOW" aufgespannt. Doch dann kommt Hilfe von geheimnisvollen ‚Besuchern' aus dem All. Ein Wettlauf mit der Zeit beginnt. Kann Chris' tiefe Verbundenheit mit seiner Seelenpartnerin Elena der Schlüssel sein, das Schicksal der Erde zu wenden?

Die schöne digitale Zukunft

€ 16,99
Hugo Palme

Softcover, 220 Seiten
ISBN 978-3-947048-16-8

Lockdown, leere Straßen, Homeoffice, Heimkino und Lieferservice: In einer nicht allzu fernen Zukunft wird der Prozess der Digitalisierung abgeschlossen und diese „Maßnahmen" zum Alltag geworden sein. Die Zivilisation hat sich in Großmetropolen zurückgezogen und das öffentliche Leben findet mit aufwendiger Technik in den virtuellen Welten statt, in denen die echte Welt nahezu komplett abgebildet ist. Doch es gibt eine kleine Minderheit, die dieses Leben nicht mitmachen will und auf dem Lande mit der Natur lebt und spirituelles Wissen bewahrt. Der Autor führt den Leser durch beide Welten und die sich anbahnenden Auseinandersetzungen um die Zukunft der Menschheit.

Terrorstaat - Die Dunkle Seite der Macht

€ 22,99

Dan Davis
Softcover 372 Seiten
ISBN 978-3-947048-12-0

Die Corona Akte

Die Corona-Pandemie hält im Jahr 2020 die Welt in Atem. Doch was steckt wirklich dahinter? In dieser Spezial-Ausgabe des Buches werden Hintergründe und Fakten benannt, die aufzeigen, welche Lügen gezielt verbreitet wurden und warum.

Der Autor Dan Davis hat sich in der Vergangenheit mit Politikern wie der ehemaligen Bundesministerin für Justiz, Herta Däubler-Gmelin, der im Jahr 2002 ein angeblich von ihr gemachter Bush-Hitler-Vergleich in den Mund gelegt wurde, und anderen getroffen, führte Interviews und Gespräche mit Mitgliedern aus Geheimlogen und Opfern verschiedener Regierungsprojekte.

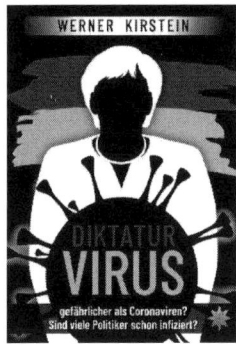

€ 19,99

Werner Kirstein

Softcover, 250 Seiten
ISBN 978-3-947048-20-5

Diktaturvirus – gefährlicher als Coronaviren

Ein wesentliches Merkmal einer Diktatur ist, wenn zum Beispiel in einem Staat regierungskritische Demonstrationen verboten sind. Genau das wurde in der Merkel-Diktatur 2020 mit Polizeigewalt durchgesetzt.

Das Instrument war eine harte Lockdown-Politik, die Deutschland an seine Belastungsgrenzen gebracht hat. Hinter jeder Diktatur verbirgt sich immer eine ideologische Agenda. Gottlob haben Diktaturen in Deutschland noch nie längere Zeit überleben können

9/11 20 Jahre Lügen

€ 21,99

Dan Davis

Softcover, 360 Seiten
ISBN 978-3-947048-23-6

Nachwort von Guido Grandt

Stimmen die offiziellen Behauptungen zu den Hintergründen der Terroranschläge vom 11. September 2001 überhaupt, oder gibt es massive Widersprüche, Ungereimtheiten und Falschmeldungen, die die Frage aufkommen lassen, was an diesem Tag wirklich geschehen ist und wer wirklich im Hintergrund die Fäden gezogen und davon profitiert hat?

Dieser Frage geht Dan Davis in dem vorliegenden Buch "9/11 - 20 Jahre Lügen" noch einmal explizit auf den Grund, zu einer Zeit, in der bei vielen das Thema in Vergessenheit geraten ist, nicht zuletzt durch die offiziellen Berichterstattungen.

Der Tag an dem die Welt erwachte Band 1

€ 21,99

Dan Davis

Softcover 329 Seiten
ISBN 978-3-947048-14-4

Das was jetzt mit „Corona" unseren Alltag bestimmt, wurde von Dan Davis bereits nahezu 1:1 Jahre zuvor mahnend als Zukunftsvision unter anderem in seinem Buch „7" angekündigt, für den Fall, dass wir nicht rechtzeitig aufwachen. Ein Zufall? Der Autor bringt eine Vielzahl weiterer Beispiele und Fakten, die sich seit der Erstauflage des Buches nachweislich ereignet haben und inzwischen Realität wurden, bringt die beängstigende Geschichte dahinter, die weit in die Vergangenheit reicht und deren Ausläufer und das agierende Netzwerk (der sog. „Deep State") längst alle wichtigen Bereiche unserer Gesellschaft infiltriert haben.

Der Tag an dem die Welt erwachte Band2

€ 21,99

Dan Davis

Softcover 335 Seiten
ISBN 978-3-947048-15-1

Erleben Sie eine unglaubliche Reise durch die Weltreligionen, die falsche Übersetzungen und bewusste Manipulationen belegen. Heilige Schriften, die nicht ins Konzept passten, wurden einfach aussortiert. Evangelien, die spektakuläre Erkenntnisse lieferten, wurden aus der Bibel verbannt und offiziell zu Fälschungen erklärt. Unglaubliche Ereignisse, die an Kontakte mit Außerirdischen erinnern, wurden unterdrückt und blieben im Verborgenen.

Als Jesus, der ankündigte, in den „Letzten Tagen" mit den Wolken wiederzukehren, gefragt wurde, wo diese so genannten Letzten Tage ihren Anfang nehmen, und wer das so genannte Friedensreich hervorbringen wird, zeigte er angeblich auf einen Germanen, der in einer römischen Legion tätig war.

€ 22,00
Reiner Elmar Feistle
Hardcover, 360 Seiten
ISBN 978-3-947048-06-9

Haben Sie sich jemals gefragt, ob in der Unendlichkeit des Universums anderes, hochentwickeltes Leben existiert?

Haben Sie sich jemals auch nur im Ansatz vorzustellen gewagt, dass die Außerirdischen bereits auf unsere Erde reisten, und es immer noch tun, um Menschen zu kontaktieren.

Können Sie sich vorstellen welche Konsequenzen das für die Regierungen und die gesamte Menschheit haben könnte?

In der aktualisierten erweiterten Neuauflage wurde ein zweiter Teil mit neuen Kapiteln integriert, um auf die Gefahren der KI (Künstlichen Intelligenz) hinzuweisen, die immer mehr unseren Alltag dominiert. Welche Erkenntnisse können wir für die Zukunft daraus ziehen?

Aldebaran - Das Vermächtnis unserer Ahnen

€ 21,00
Reiner Elmar Feistle
Hardcover, 308 Seiten
ISBN 978-3-000367-16-8

Mit einem Vorwort von Dan Davis

Sind Sie sich bewusst darüber, dass unsere Ahnen bereits seit einem längeren Zeitraum wieder auf der Erde agieren und viele Menschen kontaktieren? Können Sie sich vorstellen, dass die Alten zum Teil unter uns weilen, uns studieren, analysieren und oft genug auch unsere Dummheiten korrigieren?

Haben Sie sich jemals gefragt, ob Zeitreisen existieren und durchführbar sind?

Dieses Buch wird Ihnen auf viele Fragen Antworten geben, die Sie vielleicht in dieser Form nicht erwartet hätten.

Seien Sie offen, wagen Sie den Schritt in eine neue und höhere Dimension.

Aldebaran – Die Rückkehr unserer Ahnen

€ 19,95
Reiner Elmar Feistle
Hardcover, 294 Seiten
ISBN 978-3-000319-74-7

In diesem Buch kommen verschiedene Autoren mit sehr brisanten Themen zu Wort und gehen einige Schritte weiter als Herr Däniken. Was wäre, wenn die Pyramiden mit dem Mars in Verbindung stehen, wenn dieser und auch der Mond unter der Kontrolle einer irdischen Achsenmacht steht, unbesiegt, im Bündnis mit unseren Ahnen.

Sie suchen Antworten auf viele gegenwärtige „Merkwürdigkeiten" und Probleme? Dieses Buch wird Ihnen Antworten geben, die Sie so nicht erwartet hätten. Doch am Ende werden Sie der Wahrheit zustimmen.

Die Fakten im Buch lassen keinen anderen Schluss zu.

Eine Macht aus dem Unbekannten

€ 19,95
Reiner Elmar Feistle
& Sigrun Donner
Hardcover, 340 Seiten
ISBN 978-3-9815662-1-5

Deutsche UFOs - und ihr Einfluss im 21. Jahrhundert

Werfen Sie einen Blick auf die Spuren geheimer deutscher Geschichte. Warum geheim? Geheim deshalb, weil schon weit vor 1945 die Grundlagen für ein scheinbares Mysterium gelegt wurden, welches heute unter der „Macht aus dem Unbekannten" oder der „Dritten Macht" bekannt ist.

Alle hier aufgeführten Bücher erhalten Sie im Buchhandel oder hier:

All-Stern-Verlag
Tel: 07568/2989982
Email: info@all-stern-verlag.com

www.all-stern-verlag.com